《再见，吾爱》电影剧照 1

《再见，吾爱》电影剧照 2

奥斯卡经典文库

[005]

Farewell, My Lovely

再见，吾爱

(美)雷蒙·钱德勒●著　　吕平●译　　何亮●丛书主编

首都师范大学出版社
CAPITAL NORMAL UNIVERSITY PRESS

图书在版编目(CIP)数据

再见，吾爱/(美)钱德勒著；吕平译.—北京：首都师范大学出版社，2014.11(2021.3重印)
(奥斯卡经典文库)
ISBN 978-7-5656-2191-8

Ⅰ.①再… Ⅱ.①钱… ②吕… Ⅲ.①侦探小说—美国—现代 Ⅳ.①I712.45

中国版本图书馆CIP数据核字(2014)第278852号

ZAIJIAN WUAI

再见，吾爱

(美)雷蒙·钱德勒 著 吕 平 译

责任编辑 刘志勇
首都师范大学出版社出版发行
地 址 北京西三环北路105号
邮 编 100048
电 话 010-68418523(总编室) 68982468(发行部)
网 址 http://cnupn.cnu.edu.cn
印 刷 北京虎彩文化传播有限公司
经 销 全国新华书店
版 次 2015年1月第1版
印 次 2021年3月第3次印刷
开 本 880mm×1230mm 1/32
印 张 9.25 插页 4
字 数 205千
定 价 36.00元

总序： 电影的文学性决定其艺术性

不是每个人都拥有将文字转换成影像的能力，曾有人将剧作者分成两类：一种是“通过他的文字，读剧本的人看到戏在演。”还有一种是“自己写时头脑里不演，别人读时也看不到戏——那样的剧本实是字冢。”为什么会这样，有一类人在忙于经营文字的表面，而另一类人深谙禅宗里的一句偈“指月亮的手不是月亮”。他们尽量在通过文字（指月亮的手），让你看到戏（月亮）。

小说对文字的经营，更多的是让你在阅读时，内视里不断地上演着你想象中的那故事的场景和人物，并不断地唤起你对故事情节进程的判断，这种想象着的判断被印证或被否定是小说吸引你的一个重要原因，也是作者能够邀你进入到他的文字中与你博弈的门径。当读者的判断踩空了时，他会期待着你有什么高明的华彩乐段来说服他，打动他，让他兴奋，赞美。现实主义的小说是这样，先锋的小说也是这样，准确的新鲜感，什么时候都是迷人的。

有一种说法是天下的故事已经讲完了，现代人要做的是改变讲故事的方式，而方式是常换常新的。我曾经在北欧的某个剧场看过一版把国家变成公司，穿着现代西服演的《哈姆莱特》，也看过骑摩托车版的电影《罗密欧与朱丽叶》，当然还有变成《狮子王》的动画片。总之，除了不断地改变方式外，文学经典的另一个特征，是它像一个肥沃的营养基地一样，永远在滋养着戏剧，影视，舞蹈，甚至是音乐。

我没有做过统计，是不是20世纪以传世的文学作品改编成电影的比例比当下要多，如果这样的比较不好得出有意义的结论的话，我想换一种说法——是不是更具文学性的影片会穿越时间，走得更远，占领的时间更长。你可能会反问，真是电影的文学性决定了它的经典性吗？我认为是这样。当商业片越来越与这个炫彩的时代相契合时，“剧场效果”这个词对电影来说，变得至关重要。曾有一段时期认为所谓的剧场效果就是“声光电”的科技组合，其实你看看更多的卖座影片，就会发现没那么简单。我们发现了如果两百个人在剧场同时大笑时，也是剧场效果（他一个人在家看时可能不会那么被感染）：精彩的表演和台词也是剧场效果；最终“剧场效果”一定会归到“文学性”上来，因为最终你会发现最大的剧场效果是人心，是那种心心相印，然而这却是那些失去“文学性”的电影无法达到的境界。

《奥斯卡经典文库》将改编成电影的原著，如此大量地集中展示给读者，同时请一些业内人士做有效的解读，这不仅是一个大工程，也是一件有意义的事。从文字到影像；从借助个人想象的阅读，到具体化的明确的立体呈现；从繁复的枝蔓的叙说，到“滴水映太阳”的以小见大；各种各样的改编方式，在进行一些细致的分析后，不仅会得到改编写作的收益，对剧本原创也是极有帮助的，是件好事。

——资深编剧　邹静之

主编的话：跟随文学人物走进各种各样的命运险境

能参与《奥斯卡经典文库》丛书的编辑工作，我感到特别的荣幸和高兴。说实话，这套丛书的编辑过程不仅给我，也给我们整个编辑团队带来了莫大的兴奋感。

兴奋之一：这是国内首次以大型丛书的形式出版经典电影的文学原著，这无疑是奉献给广大读者的一场阅读盛宴，我们相信无论何种口味的读者，都会从这套丛书里找到自己的最爱，甚至找到陪伴自己一生的精神伴侣。

兴奋之二：我们选择的书目全部是奥斯卡奖得奖或者提名的电影原著。奥斯卡本身就是全球最值得大众信赖的品牌之一，在奥斯卡异常严格的选拔标准下，这一批电影原著小说的艺术质量，还有部分原著是第一次出中文版本，我们之前也并未读过，但读过之后，深为震撼——世界一流的小说确实能带给人直击心灵而又妙不可言的独特感受。

兴奋之三：这套丛书让我们重新认识了文学原著和电影作品之间的互动关系。有的作品我们只看过小说，没有看过电影；而有的作品我们只看过电影，没有看过小说（后一种情况更多一些）。于是在编辑的过程中，我们重新补课，将同一故事的两种艺术形式尽量都补看完整。补完课才发现，文学与电影之间的关系真是太有趣了——电影或者因为时长所限、或者因为视听特性的发扬、或者因为求新求变，通常都要对原来的文学作品做出取舍和改动，电影编剧和导演如何取舍如何改动，背后其实都隐藏着电影创作者的深入思考。而很多文学名著又被不同的电影创作者多次改编，这些不同的电影版本所体现出来的电影创作者的不同趣味、不同表达以及独特个性，每每让我们生发出一种“又发现了一片新大陆”的感觉。我们作为读者和观众，往往会为哪一个电影版本改得更好而争论得面红耳赤——而对于那些两种艺术形式都没看过的朋友来说，我个人的建议，最好先读小说，充分展开自己的想象世界之后，再去看电影，收获绝对不一样。

兴奋之四：比起编剧和导演对文学作品的改编，演员、明星们对文学人物的演绎无疑更能引起大家的好奇和关注，在看完小说之后，带着悠闲而挑剔的眼光，再去评论、比较电影里的明星的表现，甚至去评论、比较不同版本的明星的表现，这给我们带来了数不清的快乐时光。

因为部分原著小说和电影也是我们第一次接触，以上所呈现的，都是我们在编辑过程中非常真实的感受。我们也非常期望我们的工作能带给广大读者同样的兴奋和快乐。《奥斯卡经典文库》为您精心挑选的这些非常优秀的原著小说，完全值得您腾出一点业余时间，全身心投入其中，跟随着那些精彩的文学人物走进各种各样的命运险境，去迎接那些意想不到的感动和震撼。

——北影老师　何亮

导读：黑色电影的经典之作

如果你想从雷蒙·钱德勒的侦探小说中读到类似神探福尔摩斯、波罗先生、马普尔小姐这样的人物，想必是会失望的。

雷蒙·钱德勒所创造的经典人物是一名叫菲利普·马罗的私家侦探，他不似福尔摩斯那般天才，能从蛛丝马迹就能推导出谁是凶手，仿佛上帝一般俯视懵懂无知的芸芸众生。马罗总是被动地身陷各种阴谋迷局，被阴暗的人性和肮脏的罪恶所包裹，他所拥有的最强大的武器，是一种老式的不合时宜的正义感，以及传统骑士所拥有的对尊严及荣誉的偏执。所以，他总是只身犯险，以一己之力对抗不断堕落的人性。他也没有华生医生那样俏皮的搭档来抵挡危险的逼近，相反，他身边总是出现面若桃花但心如蛇蝎的金发美女，为这个都市独行侠设置各种道德上的困境。

菲利普·马罗也绝不同于阿加莎·克里斯蒂笔下的波罗先生和马普尔小姐。后两者总是徜徉在豪华、优雅的度假酒店，抑或是在阳光普照的欧洲乡村游玩，然后捎带手就把某个离奇诡异的案件给破了，他们既不用身犯险境，也不用弄得满身血污，只需要叼着烟斗、打着毛衣，用敏捷的思维分析出案情的来龙去脉，再用毋容置疑的口吻告诉不明真相的围观群众即可。

相比之下，菲利普·马罗的处境艰难太多，马罗侦探所经手的案件都发生在洛杉矶这个美国西部最大的城市中，这里曾经是西部拓荒者的精神家园，在金钱和权力的共谋下，往日的家园不在，剩下的只有徒有其表的灯红酒绿，璀璨的霓虹灯下是望不到边际的贫民窟，以及隐藏在这些穷街陋巷中的罪恶。湿漉漉的街道、肮脏的汽车旅馆、光怪陆离的酒吧以及千万富豪的深宅大院、奢靡腐败的游艇会所是经常会出现在雷蒙·钱德勒笔下的场景，它们矛盾又和谐地构建了洛杉矶这个光鲜亮丽而又堕落阴暗的都市景象。

如同雷蒙·钱德勒其他的小说一样，《再见，吾爱》中的硬汉侦探菲利普·马罗依旧行走在洛杉矶的边缘，游走在光明和黑暗的交界处，他将美国最引以为豪的中产阶级主流价值观弃之不顾，没有家庭没有体面的工作，看上去不过是一个酗酒潦倒的中年男人。他会为了微薄的酬劳去调查出轨的丈夫和离家出走的少女，但是又会被一个只有一面之缘的古怪男人所打动，只因为这个叫“驼鹿”马洛依的男人发了疯似的在寻找一个姑娘。菲利普·马罗和马洛依在整部小说中只见过三次面，但是马罗却可以为了马洛依的心愿出生入死，硬汉侦探冷酷的外表下，其实也隐藏着一颗柔软的心，他会被忠贞赤诚的爱情和某种老式的骑士般的尊严所打动，然后拼了命追寻事情的真相。

《再见，吾爱》遵循了雷蒙·钱德勒一贯的写作习惯，依旧是以菲利普·马罗的第一人称来讲述故事。落魄的马罗遇上“驼鹿”马洛依的时候，他正在追踪一位离家出走的丈夫，可惜事情进展得并不顺利。与此同时，与周遭环境看上去格格不入的马洛依吸引了马罗的注意，马罗命中注定般地卷入马洛依的疯狂寻人事件中。在雷蒙·钱德勒的描述下，马洛依就是一个如同“钟楼怪人”的存在，他长相丑陋打扮古怪，有着血迹斑斑的犯罪前史，但是他又有着一颗赤子之心，他对心爱的女孩威尔玛一往情深，尽管威尔玛早在六年前便消失在了人海中不见踪迹，但是他会为了寻找她不断犯险，即使杀人也在所不惜。

马罗受马洛依的嘱托和好奇心的驱使，开始调查女孩威尔玛的去向。威尔玛就像无数有着明星梦的逐梦女孩儿一样，在纸醉金迷的大都市洛杉矶贩卖着自己的青春，她们用迷人的脸蛋和醉人的嗓音点缀着洛杉矶深沉的夜色，随后又像气泡一样突然消失在了这些如同梦境一般的夜晚中。一波未平一波又起，马罗凭借他侦探的敏锐本能追查着威尔玛的踪迹，却又在这一过程中卷入了“翡翠项链”勒索事件中，因为这一事件，马罗成为另一桩命案的嫌疑人。而“翡翠项链”勒索案同马洛依杀人案之间竟然有了千丝万缕的联系，为了调查出事情的真相，马罗结识了翡翠项链的主人格雷夫人。格雷夫人是一个金发女郎，同时她整个人都像金色的头发一样闪闪发光，可就是这样一位贵妇人，却在初次见面的客人面前喝着烈酒，肆无忌惮地打情骂俏，甚至支走自己的丈夫，迫不及待地和马罗亲热起来。

格雷夫人是典型的雷蒙·钱德勒笔下的女人形象——美艳、神秘，私生活混乱，浑身上下都充满了性的诱惑，即使是冷酷的硬汉马罗也无法抵抗她的吸引。但是，这一类女人远远不似她们的外表那样简单，她们往往有着复杂暗黑的前史，曾经身陷泥沼的经历令她们无法接纳真正的善意和爱情。所以，尽管她们有着光鲜亮丽的外表和奢靡的贵妇生活，可内心又像是一个欲望的黑洞，爱永远都无法将它填满。

格雷夫人不出意料地利用了马罗，而马罗也在和她的数次过招之间找到了她的真实身份——她便是“驼鹿”马洛依口中那个单纯美丽的小姑娘威尔玛。终于，威尔玛和马洛依再次相见，马洛依敞开怀抱拥抱自己的天使，可“天使”却扣动了手中的扳机，子弹毫不犹豫地射向马洛依的心脏，看上去凄美动人的爱情故事画上了句号。

“他还爱着她。我是说马洛依。当他在监狱的时候，她已经六年多没有给他写信，也没有探望他，这都没影响他。她为了一份奖励把他送进监狱，这也没有影响他。当他从监狱出来第一件事就是买了漂亮的衣服去看她。所以她给了他五颗子弹，当做是跟他打招呼。他亲手杀了两个人，但是他爱着她。这是一个什么世界。”——这是一个关于爱和背叛的故事，多情女子负心汉的另一个版本，只不过颠倒了人物的性别身份，爱情在格雷夫人看来不过是可以利用然后践踏在脚下的东西。蛇蝎女人格雷夫人就如同洛杉矶这个城市一般，充满了危险和诱惑。只有硬汉侦探菲利普·马罗不惧怕这种危险，同时也抵挡住了致命的诱惑，他从道德欲望的困境中挣脱了出来。

这又不仅仅是一个爱情故事，雷蒙·钱德勒的审美艺术倾向是现实主义的，他的作品从来都不是沉溺于情节的迷宫中的机巧之作，也不是超脱现实的空中楼阁。他会将美国社会的温情面纱毫不犹豫地撕扯下来，让读者直面隐藏在社会中的种种肮脏和罪恶。所以，在《再见，吾爱》中，我们能看到杀人、勒索，看到贪污腐败，看到为了金钱不惜与罪恶势力勾结的警察，也能看到政客虚伪的面孔。在这个爱情故事后面，隐藏着雷蒙·钱德勒对美国社会的深层思考，他将罗曼蒂克的爱情故事和现实主义批判缝合在了一起，讲述了一个颇具社会洞察力的关于人性的故事。

《再见，吾爱》数次被搬上好莱坞的大银幕，其中最著名的两个版本是1944年由爱德华·迪迈特雷克执导的《爱人谋杀》(*Murder，My Sweet*)和1975年由迪克·理查斯执导的同名电影《再见，吾爱》(*Farewell，My Lovely*)。除此之外，雷蒙·钱德勒的硬汉侦探小说频频受到好莱坞的青睐，而他本人也一度被好莱坞奉为座上宾，参与了数部电影的编剧创作。雷蒙·钱德勒的小说产量并不高，长篇小说仅有七部，但他创造出的硬汉侦探马罗却为好莱坞电影提供了一个经久不衰的人物形象，而他所创造出来的那个阴郁、黑色的世界更是为好莱坞电影缔造了一个经典的电影类型——黑色电影。

黑色电影准确来说并非是一个电影类型，它不同于其他类型片如西部片、恐怖片，它没有特定的创作范式，也没有类似的故事脉络及背景环境。这类电影在影像上总是会出现大量的夜景、雨景，主要人物通常出现在阴影当中，画面也总被各种线条所分裂切割。悲观且愤世嫉俗的情绪充斥在这类电影中，这和战后美国社会的现实主义倾向息息相关。而主人公通常是悲观厌世的社会边缘人，失败的阴影笼罩在他们的头上，而生活绝不吝啬对他们继续施加嘲笑和玩弄。蛇蝎美女是黑色电影中的另一类经典形象，她们会带来罗曼蒂克的爱情，也会带来危险和死亡。

1975年的电影《再见，吾爱》在情节上忠实于原著，以第一人称画外音将故事娓娓道来，这依然是一部典型的黑色电影，彩色影像并没有减弱黑色电影的沉郁氛围，演员的选择更加贴合原著中人物的气质。

雷蒙·钱德勒的影响力是巨大而深远的，他所创作的《再见，吾爱》等一系列侦探小说不仅打造出了一个硬汉侦探小说的王国，也为黑色电影这一类型缔造了一个犯罪的王国，提供了永恒而经典的银幕硬汉形象——菲利普·马罗。

1

故事就发生在那中央大街（Central Avenue）上鱼龙混杂的黑人街区。我刚从一个小得不能再小、只能容下三把椅子的理发店里出来。其实起初我也没想要来这里，只不过一个客户说在这里可能会找到我要找的人——理发师迪米特里奥斯·阿莱迪斯（Dimitrios Aleidis）。没办法，谁让他老婆愿意花钱求我让她老公早点回家呢。

然而遗憾的是事与愿违，这次我还是没能找到他，所以阿莱迪斯太太（Mrs. Aleidis）一分钱也没给我。

那是一个阳光明媚的燥热午后，大约是三月底吧。我就站在那家理发店门外，无所事事地抬头看着那霓虹般明晃晃的招牌从二楼弗罗里安（Florian's）餐饮娱乐中心探出头来。就在我盯着招牌出神的时候，冥冥中感到旁边也有一道视线扫向二楼，而且出奇巧合地与我的视线最终汇聚到了一个焦点上。他紧紧盯着楼上那沾满灰尘的窗户，表情却因过度狂喜而显得极其夸张。那表情就像没见过世面的外地人初次瞻仰自由女神（Statue of Liberty）时，他们情不自禁地流露出的可笑虔诚。

用余光扫过去，我才发现旁边这个人绝对可以称得上是个不折不扣的大块头。他不超过六英尺五英寸高的个头，却不比装啤酒的卡车窄多少。他就站在离我不到十英尺远的地方，手臂像失去支撑般无力地低垂在身体两侧。一道烟雾从指缝间缭绕而出，被遗忘的是夹在巨大指缝间的那根孤独的雪茄。

在他神游的这段时间里，人来人往的洪流中不乏探究的眼神，像激光灯般扫过来。那些路过的瘦得跟干柴似的黑人十分诧异会在街头见到这种奇景。也难怪，就凭他这身扎眼的打扮，想不引人注意都难。这年头，谁还会往自己头上戴一顶毛茸茸的波尔萨利诺（Borsalino）帽子呢？这个姑且不论，他居然还裹着一身粗糙的灰色运动外套，衣服上那白色纽扣大得简直能跟高尔夫球有一拼；外套里面是一件棕色衬衫，搭配着一条黄色的领带；灰色法兰绒裤子和白色开裂的鳄鱼皮鞋遥相呼应，裸露出不知羞耻为何物的木讷脚趾。在他胸前的口袋里还有一方扎眼的黄色手帕，颜色的晃眼程度和领带相比毫不逊色。对了，差点儿忘了，最出众的还是他戴的那顶帽子，插着的两根彩色羽毛分外吸引眼球，尽管他真的不需要它们。即便是在人们穿衣打扮不算保守的中央大街，他的这身行头仍然是格格不入的，犹如一只趴在白色奶油蛋糕上的大蜘蛛。

他的皮肤显得有些苍白，胡子也需要好好刮一刮了，看样子他是那种需要勤刮胡子的体质。他生着一头的黑色鬈发，两道浓眉几乎是缠绕在那大鼻子上面的。相对于他那魁梧壮硕的身材，两只小巧的耳朵总算显得正常多了。他的眼睛像是蒙上了一层雾蒙蒙的水汽，散发出浑浊而黯淡的灰色光芒。就这样，他站在那里一动也不动，就像一尊石化已久的雕像。过了好长时间，他才微微笑了。

他慢慢地穿过人行道，站在通往二楼的双开弹簧门之前。只见他推开门，匆匆回头往街上扫了一眼就走了进去，没流露一丝表情。

说实话，如果他的块头那么大，穿衣打扮再低调一点儿，我真会认为他没准是去抢劫的。不过看看他穿的那身衣服、戴的那顶帽子、生的那身大块头，我毫不犹豫地止住了不切实际的猜想。

就在我神游的这工夫，只听“咚”的一声响动，弹簧门忽地弹向街外，又迅速弹回原状。不待头脑反应过来，只见一个不知是什么的东西“啪”地腾空而起，一眨眼的工夫就穿过人行道，最后栽在停靠在路边的两辆轿车之间。他手脚先着地，直冲冲地栽了下来，由远及近的尖叫声像极了一只被逼到墙角的耗子。最终他还是慢慢地爬了起来，捡起帽子，踉踉跄跄地又爬回了人行道。这是一个消瘦、窄肩的年轻人，他有一头梳得油光发亮的黑发，生着棕色的皮肤，穿着浅紫色西装，胸前还插着一枝康乃馨。只见他嘟囔着嘴唇抱怨了一番，见路人莫名其妙地盯着他看，便整了整自己那神气活现的帽子，垂头丧气侧身蹭到墙边，最后撇着八字脚悄无声息地消失在街角尽头。

终于，街上的一切又恢复了平静，交通恢复正常。我晃晃悠悠地挪到那扇门前，现在它终于一动也不动了。不过，这也不关我的事，我推开门向里望了过去。

黑暗中，突然不知从哪儿伸出一只大手来，像抓泥巴一般将我一把抓进门里。我只觉得肩膀一沉，继而被拎上了一级台阶。我终于看清了面前的这张大脸，只听这大脸的主人用低沉而平静的声音轻声问道："有人在这里吸大麻，想必你看到了吧？来，搭把手，帮我把那家伙绑起来，伙计！"

黑暗中一片沉寂，楼上依稀传来人声。虽然楼梯上也只有我们两个人，但那大块头依然毫不松懈地紧紧看着我，我的肩胛骨简直都快被那只大手给捏碎了。

"一个黑人，"不容我回答，他接着说道，"我只是想把他赶出去。你看到我把他扔出去了，是吧？"他终于肯松开我的肩膀了。谢天谢地，我的骨头没被他捏碎，不过手臂已经麻木到感觉不到它是长在自己身上了。

"这种事有什么好大惊小怪的，"我一边揉着肩膀一边说，"你以为这还能怎样？"

"别这么说，老兄。"大块头轻轻地嘟囔着，像只饱餐后心满意足的老虎，"威尔玛（Velma）以前在这里工作，小威尔玛。"

他又伸手过来想抓我的肩膀。虽然我已经极力躲闪，可没想到他竟快得像一只猫。很不幸，在这么短的时间里，我的肌肉居然再次遭受了他那铁指的摧残。

"是啊，"他说，"小威尔玛，我有八年没见过她了。你说这里已经变成黑人的地盘了吗？"

我用沙哑的嗓音说："是的。"

他把我又往上拎了两个台阶，我努力想从他的手中挣脱。我没有随身带枪，因为找阿莱迪斯这种小事根本就用不到枪。同时我也意识到，就算是带了枪对我也没有任何好处，这个大块头会轻而易举地把枪拿走。

我尽量用正常的声音说："你上去看看就明白了。"

他放开了我，但还是用他那双忧伤的灰色眼睛看了我一眼。他说："现在我心情不错，我不想让任何人烦我，你跟我上去喝两杯。"

"这是黑人的地盘，他们是不会招待你的。"

"我已经八年没有见过威尔玛了。"他深沉地说，"自从上次说再见之后八年都没见了。最近这六年她没有给我写过一封信，我想她一定有她的苦衷。以前她在这里上班的时候很可爱。我们上去喝两杯，好吗?"

"好吧!"我大喊，"我跟你上去，只是别拎我了。我很好！我四肢健全！我自己会走路！我自己会上厕所！我自己什么都能做！别再拎我!"

"小威尔玛在这里工作过。"他温和地说。

这次他没有拎我，让我自己走上去。我的肩膀还在隐隐作痛，后脑勺还冒着冷汗。

2

楼梯的尽头有两扇对开门关闭着，看不到里面的情况。大块头用手指轻轻地把门推开，引着我一起走了进去。这是一个狭窄又绵长、昏暗又脏乱、一进去就让人感到压抑的酒吧。酒吧的一个角落里有一群黑人正在昏暗的灯光下吆五喝六地赌博。右手边靠墙的位置是吧台，房间其余位置摆满了圆桌。酒吧里零零散散地坐了几个客人，不管男女，清一色的全是黑人。

一瞬间，赌桌上的吆喝声戛然而止，原本幽暗的房间更加阴暗了，整个房间的空气骤然沉重起来，一双双嵌在灰色或黝黑皮肤上的栗色眼睛紧紧盯着我们这两个不速之客。与此同时，其他那些后知后觉的脑袋也转向我们——满屋子的眼睛都在这死寂的空气中凝视着我们。

坐在吧台尾端的是一个虎背熊腰的大块头，宽广的后背上交叉着粉白相间的吊裤带，衬衫袖子上还系着粉红色袖章

——很明显，他是这里的保镖。只见他慢慢地收起二郎腿，缓缓地转过身来瞪着我们，随即将双脚轻轻分开，还挑衅般地用舌头舔了一下嘴唇。他历经沧桑的脸庞，好像经历过了所有能经历的磨难：这里一道疤，那里一个坑，还有一处处红肿和不知怎么弄上的格子状的疤痕及鞭痕。这是一张无所畏惧的脸，似乎早已承受过了你所能想到的一切磨难。

他的头发短短的、卷卷的、灰灰的，有一只耳朵连耳垂都没有了。

他身宽体胖，粗壮的双腿还有一点儿“O”形，这在黑人中可是难得一见。他又舔了舔嘴唇，似笑非笑地挪动了一下身体，然后像一个轻敌的拳击手一样走向我们。大块头静静地迎候着他。

带粉色袖章的黑人保镖将他褐色的大手抵在大块头胸前。如此大的手掌，使起劲儿来就像是一枚纹丝不动的钉子。大块头一动不动。那个黑人保镖却温和地笑了。

“对不起，我们这里不欢迎白人，我们只接待有色人种。”

大块头用他那双忧伤的灰色眼睛环视了整个房间，脸颊还有点儿因为激动而燥热的红润。“黑人拳手。”从他的呼吸中听得出，他现在有点儿生气了，“威尔玛在哪儿?”他提高了嗓音大声质问那个保镖。

保镖收起刚刚露出的笑脸，开始打量着大块头的着装，从大块头的褐色衬衫、黄色领带，一直到灰色运动外套和外套上的“高尔夫球”纽扣。他不停地转动着他粗壮的脖子，从各个角度打量，最后看到了大块头穿的鳄鱼皮鞋，忍不住笑了起来。我默默地为大块头的这身行头感到一丝丝羞愧。

保镖又大声说：“你说威尔玛？这里没有威尔玛，老兄！没有酒！没有女人！什么都没有！滚开，白人！赶紧给我滚!”

“威尔玛在这里工作过。”大块头梦游般地说。听到他这么说，我紧张地用手帕擦着脖子后面的汗水。

保镖突然大笑。他说：“呸!”然后快速回头看了一下其他人，“威尔玛是在这里工作过，但是她现在已经不在这里了，她早就辞职了，哈哈哈。”

“拿开你的脏手!”大块头说。

保镖皱了皱眉头，从来没有人敢这样对他讲话。他把手从大块头的胸前拿开，攥起了圆茄大小青筋暴露的拳头。这是他早就驾轻就熟的本职工作，但这次又有了更深一层的意义。这次还为了他所谓的“威望”和“脸面”，但是也使他真真正正地得到了冲动的惩罚。他用他又狠又快的拳头冲着大块头的腮帮子就是一记重拳，屋内顿时响起一阵轻轻的嘘声。

这真是不错的一拳，肩部稍微下沉，身体随着摆动；那是相当重的一拳，而且能看出来他是经过专业训练的。大块头依然纹丝不动，没有躲避飞来的拳头。大块头吃完一拳，调整一下身体，低吼一声，顺势掐住保镖的脖子。

保镖试图用膝盖顶住大块头的腹部，却被大块头原地拎起转了一圈，鞋子都滑落到了粗糙的地毯上。大块头拎着保镖转向背面，用右手抓住保镖的吊裤带，像拎着一只待宰的肥羊。“肥羊”太重了，以至于吊裤带都甭断了。大块头用他的大掌抵住保镖的后腰，将保镖举到半空中，然后转了半圈，噌地一下将他扔到房间另一头的一张桌子上，桌边的三个人立刻跳躲开。保镖从桌子上冲落到墙角，并发出巨大的冲击声，如此巨大的声音在丹佛都可以听到。保镖的双腿抽搐了一下就没有了动静。

“有的人就是不自量力。”大块头说。他转向我说：“对了，我们喝两杯！”

在我们走向吧台的时候，其他顾客都悄无声息地溜了出去，就像影子一样安静，甚至都听不到他们开门的声音。

我们依靠在吧台上，大块头说：“威士忌酸酒[①]（Whiskey sour），你呢？”

“我也是威士忌酸酒。”我说。

我们都点了威士忌酸酒。

大块头百无聊赖地用矮脚杯喝着威士忌酸酒，视线落在了身着白色外套的酒保身上。酒保是个消瘦的黑人，满面愁容，腿脚似乎还不利索。

“你知道威尔玛在哪里吗？”

“你说威尔玛？”酒保嘀咕着说，“最近我没有见过她……最近没有，绝对没有！”

“你在这儿上班多久了？”

“我想想，”酒保放下搭在肩上的毛巾，紧锁眉头认真地扳着手指数起来，“得有十个月了吧？让我想想……也可能是一年，呃——”

“好好想想！”大块头说。

酒保转了转眼睛，咽了咽唾沫，活像一只无头鸡。

“这里是从什么时候成为黑人区的？”大块头粗声问。

“什么？”

大块头紧握的手掌几乎要把酒杯捏碎。

“五年了。”我说，“这家伙不可能知道威尔玛，况且她还是白种人，这里不会有人知道的。”

---

① 威士忌酸酒，一种波旁威士忌与柠檬完美结合的酒。——译者注

威士忌酸酒似乎并没有缓和他的情绪，大块头像看刚孵出来的什么似的看着我。

“哪个浑球让你多管闲事？”他问我。

我咧咧嘴，尽量做出一个笑脸说：“是你让我跟你一起进来的，不记得了吗？”

他向我苦笑了一下，然后对酒保说：“威士忌酸酒，打起精神来，好好调酒！”

酒保摇了摇头，又翻了翻白眼。我转过身依靠在吧台上环顾整个房间。除了酒保、我和大块头以外别无他人，哦，还有撞晕在地的保镖。保镖慢慢恢复了神志，开始非常痛苦地沿着墙角慢慢挪动身体，活像一只被砍了一边翅膀的苍蝇。他慢慢地爬到桌子后面，已经疲惫不堪，像是瞬间变成了一个即将离世的老人。我静静地看着他爬动，这时酒保放下两杯调好的威士忌酸酒。我转向吧台，看到大块头若无其事地瞥了保镖一眼，没有搭理他。

“这里再也看不到以前的影子了。”他开始抱怨了，“以前这里有舞台、有乐队，还有专为男人找乐子而设置的小隔间。威尔玛在舞台上欢唱，她红色的头发，可爱极了。我们就要结婚了，结果他们居然他妈的给我设了一个圈套！”

我开始喝酒保刚调好的威士忌，我今天冒的险已经够多了，差不多该到此为止了。

我问：“什么圈套？”

“你认为我这八年都干什么去了？”

“拈花惹草？”

他用粗大的手指了指胸膛。“监狱！我叫马洛依（Malloy）。因为我块头大，他们都叫我驼鹿马洛依。听说过大拐弯银行抢劫案吗？四万元，我自己干的，厉害吧？”

“你现在可以花那些钱了？”

他瞪了我一眼。我们身后有动静。那个保镖终于站起来了，摇摇晃晃的，他的手扶在赌桌后面一扇黑色门的把手上。他打开门，哐当跌了进去。门又哐当反弹回来，自己锁上了。

“那扇门通到哪里？”驼鹿马洛依问道。

酒保神色慌张，紧紧盯着保镖跌进去的那扇门。

“那——那里通向蒙哥马利先生（Montgomery）的办公室，先生。他是这里的老板，他的办公室就在里面。”

“他应该知道，”大块头说道，然后把威士忌一口喝掉，说，“他最好放聪明点儿，别像刚才那个家伙。”

他迈着轻快的步伐慢慢地穿过房间，像整个世界都跟他无关一样。他用那宽广的后背顶了一下门，门锁住了。他用力晃着门把手，将门把手面板晃掉了一块，门开了。他走进去，然后又关上了门。

一切是那么的寂静。我看了一眼酒保，酒保也回望了我一眼。他的眼睛躲开我，好像在打什么主意。他若无其事地左手擦着吧台，嘴里还发出一丝叹息，然后用右胳膊搭在吧台上。

我走到吧台里面，抓住他的胳膊。那是一只瘦得不能再瘦的胳膊，好像一把就能捏碎。我抓着他的胳膊笑着对他说：“你的手在下面做什么，伙计？”

他抿了一下嘴唇，一声不吭，身体向我的手臂靠近，脸色暗了下来。

“他可不好惹！”我说，“他应该弄明白事实真相，他在找一个他认识的女孩。这里以前是白人区，明白吗？”

酒保又抿了一下嘴唇。

“他离开这里好久了，”我说，“八年，他好像没觉得八年有多久，原先我还以为他会觉得有一生那么长。他还认为这里的人会有那个女孩的消息，明白了吗?”

酒保慢慢地说：“我以为你跟他是一伙的。”

“我也没办法，他在下面问了我一个问题就把我拎上来了，我以前从未见过他。不过我可不想被拎着扔来扔去，刚才你的手在下面做什么?”

“拿我的短枪。”酒保说。

“啧啧，这可是非法的!”我小声说，“听着，现在你跟我可是一条绳上的蚂蚱。你还有别的吗?”

“我的手枪，在雪茄箱子里，”酒保说，“放开我!”

“嗯，”我说，“靠边点儿，放轻松，别走火!”

“什么?”酒保轻蔑地说，忽然闪到我的身边，“谁?”

他停下来，眼睛不停地扫视着，头抬了起来。

赌桌后面的门里面传出来一声闷响，好像是砰的关门声。但我觉得应该不是，酒保也这么认为。

酒保僵在那里，口水都流了出来。我认真地听了听，再没有别的声音。我不能再听了，得去看看有什么情况，于是快速地走出吧台。

赌桌后面的门砰地开了，驼鹿马洛依从里面冲了出来。突然，他的脚像栽住了一样猛地停住，大嘴咧开笑了。

他像拿玩具枪一样拿着一支四十五口径的柯尔特①军用左轮枪。

“没人喜欢吃子弹吧!”他惬意地说，“乖乖把手放在吧台上!”

---

① 柯尔特（Samuel Colt，1814～1862），美国人，著名的火器发明家和枪械制造商。——译者注

我和酒保都乖乖地把手放到吧台上。

驼鹿马洛依环视了房间一周。他的笑容开始变得僵硬，他一步一步轻轻地穿过酒吧。除了衣着不像外，他简直就像只身在抢银行。

他走到吧台，慢慢地说："举起手来！"酒保把双手高高举起。大块头走到我的身后，右手拿枪，左手开始搜我的身。他粗大的鼻孔呼出的热气吹在我的后脑勺，没过多久热气终于消失了，搜身完毕。

"蒙哥马利也不知道威尔玛在哪儿，"大块头说，"他想用这个告诉我。"他用手拍了拍枪。我慢慢地转过身看着他。"还有，"他说，"你们会认识我的，你们不会忘记我的，伙计们。让他们放聪明点儿。"他晃了晃枪说："就这样吧，小子们，我得去赶车了。"

他往楼梯走去。

"你还没埋单呢。"我说。

他停下来，端详着我。

"看不出来你小子胆子还挺大，"他说，"不过，如果我是你，打死都不会多管闲事。"

他穿过门口，走下楼梯，脚步声渐渐地消失了。

这时，酒保弯下腰，我迅速跳进吧台里面，将他推到一边。在吧台里面搁架上的毛巾下面有一支短枪，旁边的雪茄箱子里还有一支三八口径的自动手枪。我把两把枪都收好放在身上。酒保躲靠在吧台内的一排玻璃杯边。

我走出吧台，穿过房间，走向赌桌后面那扇已经坏了的黑门。里面是一条昏暗的L形走廊，保镖仰躺在走廊上，已经不省人事，手里还攥着一把刀。我从保镖手里将刀抽走，从后面的楼梯扔了下去。保镖呼呼地喘着气，手瘫落在一边。

我从保镖身上跨过，前面门上用黑漆印着“办公室”三个大字，黑漆已剥落，我推门进去。

在办公室窗边摆放着一张破旧的办公桌。一个男人身体僵直地靠在高背椅子上，椅背正好与男人的脖子一样高，他的头折向椅背后，鼻子正好指向窗户。他的头就那样折着，就像失控的合页或是无力的围巾。

男人右手边的抽屉敞开着，里面是沾有油污的报纸，我想那支柯尔特原本就藏在那里。用枪来对付大块头本应是个好主意，但是蒙哥马利先生现在的样子证明这不是个好主意。

办公桌上有一部电话机，我放下短枪，锁上门，开始报警。我认为这样比较保险一些，而且蒙哥马利先生好像也不会介意的。

当警察到来时，酒保和保镖早已逃之夭夭，只有我一个人还傻傻地待在原地。

3

一个叫努尔缇（Nulty）的人接手了这个案子。这个家伙长着瘦下巴，而且向我了解情况时，总是把他那又长又黄的让人恶心的手交叉着放在膝盖上，他就是第七十七街区（77th Street Division）的侦探中尉。我们在一个仅有两张并在一起的小桌子的房子里。地上铺着褐色的满是污垢的地毯，空中充满了老雪茄似的难闻的味道。努尔缇穿着有点儿破旧的衬衫，还把袖口卷了起来。实话说，他太可怜了，他不像是能对付得了驼鹿马洛依的人。

他点起了半支雪茄，火柴顺手扔到了满是火柴梗的地毯上。他用愁苦的声音说：

“黑人，厉害，又是黑人谋杀案。这是我十八年来遇到的最棘手的案件。通缉令上没有照片，什么都没有，通缉文字甚至不到四行！”

我一直保持沉默。他再次拿起我的名片读了一遍又扔下了。

“菲利普·马罗（Philip Marlowe），私人侦探。又是这种家伙，嗯？天哪，你很嘴硬啊。那时你在做什么？”

“什么时候？”

“就在马洛依将这个家伙的脖子拧断时。”

“哦，我当时在另外一个房间，”我说，“马洛依并没有跟我说他要去拧断别人的脖子。”

“扯淡！”努尔缇愁苦地说，“好，继续糊弄我。所有人都糊弄我！什么情况？可怜的老努尔缇，让我们再向他扔几把刀子吧。努尔缇你是多么的可笑。”

“我没有要糊弄谁。”我说，“那确实是发生在另一个房间！”

“哼，是吗？”努尔缇狠狠地扔掉雪茄说，“我都看见了，不是吗？你带着枪吧？”

“我做的不是那种工作。”

“哪种工作？”

“我是在帮一个女人，她的丈夫是理发师，丈夫离开了她。她认为我能说服她丈夫回家。”

“你说的是一个黑人？”

“不，是个希腊人。”

“好吧。”努尔缇向垃圾桶啐了一口痰，“好，你是怎么跟那个马洛依混到一起的？”

“我已经跟你说了。我正好在这里找那个理发师，马洛依将一个黑人从弗罗里安扔出来，我正傻傻地看发生了什么。他就把我弄到了楼上。”

“你是说他拿枪顶着你？”

“不，当时他还没有枪。至少，他没有拿出来。他可能是从蒙哥马利那里拿的。他只是把我拎起来，就像拎着个孩子一样。”

“真的吗？”努尔缇说，“你看起来不是很好拎啊！”

“好吧，”我说，“我不跟你争辩。我见过他，你是不知道，他拎我或你就想戴手表一样轻松。直到他离开酒吧，我根本不知道他杀人了。我只是听到了一声枪响，我想应该是有人受惊吓而向马洛依开枪，但是马洛依把枪从他手中夺过来了。”

“你为什么这么想？”努尔缇假惺惺地说，“他用枪去抢银行了是吧？”

“你想想，他那样的穿着，他怎么可能是去那里杀人，杀手也没有像他那样穿着的。他是去那里找他八年前的女人，她叫威尔玛。这里还是白人区的时候，她在弗罗里安工作，也可能是附近别的地方。他应该还在附近找线索，你们会抓住他的，对吗？”

“那肯定。”努尔缇说，“那种块头，那种穿着，逮他是很简单的。”

“他不换衣服吗？”我说，“他有车，有藏身的地方，有钱，有朋友。当然你们会抓住他的。”

努尔缇又向垃圾桶啐了一口痰。“我会抓住他的。”他说，“老狗也有几颗牙。他还有几个同伙，就他一个吗？听着，你知道的，没门。一次在第八十四东大街黑人区上拿下五个吸毒的混混，有个尸体都冰凉了。家具上、墙上，甚至天花板上全都是血。我走出房间，看到一个在《新闻纪事报》(Chronicle）上班的记者从门口出来进了车里。他朝我们做了一个鬼脸，说：‘呃，该死！黑人！’然后就开着车一溜烟走了，甚至都没有进屋子。”

“可能是个越狱犯，”我说，“你应该找个人帮你。要不就麻利地抓住他，要不你就立刻抓住他，要么就等他给你留个破绽，这样你就有机会抓他了。”

“我不会再接案子了。”努尔缇冷笑着说。

这时，桌子上的电话响了。他接起电话，忧伤地笑了笑。他挂了电话，在小册子上潦草地写着，眼中闪过一丝微弱的光芒，像是一束来自昏暗走廊的弱光。

“哈哈，他们抓到他了。笔迹、照片等这都是证据。哈哈，他不过是一只爬虫。”他读着小册子说：“天哪，这个男人，六十五点五英寸高，二百六十四磅重，还没算领带呢。天哪，这个家伙。不过，让他见鬼去吧。他们已经抓住他了，说不定这辆车也是偷的。就在这里等着吧。”他把雪茄扔进烟灰缸。

“找到这个女人。”我说，“威尔玛，马洛依想见她，毕竟这是整个事件的起因，找找她。”

“你找她，”努尔缇说，“我已经二十年没接这种小活了。”

我站起来说：“好吧。”然后，我向门口走去。

“嘿，等等。”努尔缇说，“我只是开个玩笑，你没那么开不起玩笑吧？”

我用手夹着一支烟卷，站在门边看着他。

“我是说你有时间帮那个女人查找她丈夫的下落，你在那里实在是太好了，你应该做点什么，你可以光明正大地开展这个工作。”

“我有什么好处？”

他撇撇嘴，伸了一下手。他那狡诈的笑容就像一只老鼠刚从鼠夹上偷了块奶酪。“首先，你得跟我的人合作，别说你不愿意！如果你有我这个朋友，下一次就不会受到伤害了。”

“对我有什么好处?”

“听着,”努尔缇有点儿冲动，“我不想多说，但是这里的每个人都可以给你很多好处。”

“我只是义务帮忙，还是你会给我报酬?”

“一分都没有,”努尔缇皱了皱他那可恶的黄鼻子说，“但是我是个守信用的人，自从上次改组，我们就非常艰难。但是我不会忘记的，朋友，永远不会。”

我看了看表说：“好吧，如果我想起什么来，我会告诉你的。午饭后，你拿到照片，我帮你确认。”我们握了一下手，我走出了那个刷成土黄色的大厅，下了土黄色的楼梯，走到楼前，去取我的车。

从驼鹿马洛依拿着那支军用柯尔特离开弗罗里安已经有两个小时了。我在杂货店吃了点午餐，顺便买了一品脱[①]波本威士忌（bourbon)，然后向东驶回中央大街，又回到了中央大街的北部了。我的意识越来越模糊，就像人行道上漫无目的的热浪。除了我的好奇心，没有任何生意。更严格地说，我已经一个月没有生意了，就连免费服务的生意都没有。

---

① 品脱（英文：pint)，容量单位，主要于英国、美国及爱尔兰使用。——译者注

4

弗罗里安不出所料被查封了。一辆车停在餐饮娱乐中心门前，车上坐着一个明显是警察的便衣，一边用一只眼睛装模作样地看着报纸，一边警觉地观察着附近的风吹草动。我实在搞不懂他为什么这么偏执，在这儿守株待兔简直就是浪费时间。这里没人知道关于驼鹿马洛依的事情，酒保和保镖早已不知去向，街上行色匆匆的路人就更不知道他们的纠葛了。

我开车慢慢驶过弗罗里安，在街角停了下来。斜对面的十字路口后边是一家黑人开的名叫“忘忧旅馆”（Hotel Sans Souci）的旅社。我从车上走下来，远远地望着“忘忧旅馆”，然后走了过去。只见旅馆前厅的棕色纤维地毯上面对面地摆放着两条空荡荡的长椅，就这么隔空对视着。灯光昏暗处是一张桌子，桌子后面有一个留光头的男人。只见这光头男闭着眼睛，一双柔软的褐色的手自然舒适地摊握在桌子上。他睡得正香，或者也可以说他现在看起来睡得正香。他脖子上系着一条宽领带，看样子简直像是1880年系上去的。领带夹上的那颗绿色石头只比苹果小一点儿而已。松垮的下颚垂放在领带上，握在一起的双手干净又安详，半月的紫色嵌在修剪整齐的指甲根处。

他的胳膊肘旁边是一块金属压花的招牌，上面写着这样一行字："本旅馆安全受国际统一公司（The International Consolidated Agencies，Ltd. Inc）保护。"

当这个安详的棕人男子睁开一只眼睛打量我时，我指着那牌子说："H. P. D. 例行检查。这里有麻烦的事情需要帮忙处理吗?"

H. P. D. 指的是酒店保护部门，这个部门隶属于一个大型机构，专业处理类似于什么开空头支票啦，赖账从楼梯溜走啦，把装满砖头的破箱子留在旅店啦等麻烦事。

"麻烦? 伙计，"他故意提高了嗓门，"我们刚好有一个。"他又降了四五个声调说："你叫什么名字?"

"马罗，菲利普·马罗——"

"名字不错，老兄，清新悦耳。你今天心情不错啊，"他又降了几个声调说，"但你不是H. P. D的，我们这里很久没见H. P. D的人了。"他摊开手并懒懒地用手指指着那块牌子说："老兄，这玩意儿就是个二手货，是用来充门面的。"

"好吧。"我说。我靠在柜台上，拿一个五毛硬币在破旧的柜台上转了起来。

"你听说弗罗里安今天早上发生什么事情了吗?"

"不清楚。"他睁着两只大眼瞪着旋转的硬币看。

"他们家的老板被杀了。"我说，"那个老板叫蒙哥马利，被人拧断了脖子。"

“上帝保佑！”他又压低了声音说，“你不会是警察吧？”

“私人侦探——保密。我一眼就能看出一个人能不能保守秘密。”

他打量了一下我，然后闭上眼睛想了想，随即又慢慢地睁开眼，又把视线落在那枚旋转的硬币上。他始终还是无法抗拒钱的诱惑。

“谁干的？”他轻声问，“谁把他干掉了？”

“一个刚出狱的厉害角色，因为那里不是白人区了。你可能知道那儿以前是白人区。”

他没说话。那枚硬币终于停止了转动，躺在那里。

“你说我是该给你读圣经呢，还是请你喝一杯？选一个吧。”

“我更愿意在家里给家人读圣经。”他的眼睛闪着光芒，睁得大大的，目不转睛时像是一双青蛙眼睛。

“你应该刚吃过午饭吧。”我说。

“午饭？”他说，“像我这种身材和性格的人是可以省掉的。”他轻声说：“从那边绕到我这里来吧。”

我绕到里面，把那瓶波尔威士忌从口袋里拿出来放到搁架上，然后又回到柜台前面。他弯腰看了看那瓶酒，看起来很满意。

“老兄，这酒可收买不了我，”他说，“不过我愿意陪你喝两杯。”

他打开酒，拿了两个小酒杯，然后把酒杯倒满。他端起一个酒杯，闻了闻，翘着小手指一仰头把整杯酒倒入口中。

他品了品，想了一下，点点头说：“好酒！说吧，老兄，我能帮你做点儿什么？这里没有我不知道的。嘶，真是原装好酒啊！”他又满上一杯。

我把在弗罗里安发生的一切的来龙去脉都告诉了他。他一脸严肃地看着我，摇了摇他的光头。

“那原本是个祥和的地方，”他说，“最近一个月那里一直很平静，没发生什么冲突事件。”

“大约六年还是八年前，也可能更少，弗罗里安还有白人的时候，是叫什么名字？”

“电子招牌在那高高挂着呢，老兄。”

我点了点头。“我想招牌应该是没换。要是店名换了，马洛依就不会那么说了。那时谁是那里的老板？”

“你让我有点儿诧异，老兄。那个老板叫弗罗里安，迈克·弗罗里安（Mike Florian）——”

“那迈克·弗罗里安呢？”

这个黑人摊开褐色的双手，用响亮而又悲伤的嗓音说：“死了，听从了上帝的召唤。大约 1934 年或 1935 年的时候，我也记不大清了。我听说，他过得一塌糊涂，天天烂醉如泥，就像没有方向盘的车一样，天天跌跌撞撞，上帝已经等了他很久了。”他的声音又恢复了正常，“天知道是怎么搞的。”

“那他家里还有什么人吗？再来一杯吧。”

他盖紧瓶塞，从吧台对面推过来，说：“就两杯，日落之前就两杯。谢谢你的美酒。你这种待人处世的方式很好，让人感觉很有尊严，很舒服……只剩下他的妻子了，叫杰西(Jessie)。”

“她呢？”

“你还真是刨根问底啊，老兄。这个我就不清楚了，你从电话簿上找找线索吧。”

在大厅昏暗的一角有一个电话亭。我走过去，关上门，打开灯光。电话簿破烂不堪，用一条绳子拴住了。我查看了电话簿，没有找到弗罗里安的记录，我又回到了吧台。

“没有找到。”我说。

他略微带着点儿歉意，弯腰拿出一本本市的住址簿，双手举起来递给我，然后闭上眼睛，似乎又有点儿不耐烦了。果然有寡妇杰西·弗罗里安的住址信息，她住在西五十四大街（West 54th）一千六百四十四号。我想我这脑子是怎么了。

我记下她的住址，并把住址簿推还给他。他把住址簿放回原处，跟我握握手，然后双手交叉放在吧台上，跟我刚进来时一样。他的眼皮慢慢耷拉下来，似乎睡着了。

这已经不关他什么事了，快到门口时我又转身瞥了他一眼。他眼睛已经完全闭上了，均匀地一呼一吸，每次呼气时嘴唇都动一下，他的光头可真亮。

走出忘忧旅馆，我径直穿过街道回到车上。没想到这事办得这么利索，真是“踏破铁鞋无觅处，得来全不费工夫”啊。

5

西五十四大街一千六百四十四号是一栋棕色的房子，房前的草地也是棕色的。草地上有棵凶神恶煞的棕榈树，它周边的地上光秃秃的，像打了一个补丁。在连廊上孤零零地放着一把摇椅，下午的清风吹着好像去年就没修剪过的一品红搭在泥灰墙上，发出沙沙的声音。院子边上挂着一排半干的笔挺的淡黄色衣服，被风吹得晃晃悠悠的，晾衣绳已经锈迹斑斑了。

我往前多开了一段，约有四分之一街区吧，停好车，穿过马路，走了回来。

门铃坏了，我只好用手敲纱门边上的木头。屋内有了缓缓的脚步声，里面的门开了。出现在我眼前的是一个邋遢的女人，甚至给我开门的时候还在擤鼻涕。她浮肿的脸面如草灰。她蓬乱的头发，颜色介于棕色和金黄色之间，分不清是什么颜色了，估计是没有足够的精神使其变成金黄色，又没有打理而变得灰灰的。她肥胖的身体穿着一件过时的、皱皱巴巴的法兰绒浴袍，只能算是一块遮羞布。她那双大脚，穿着一双表皮已经破破烂烂的棕色拖鞋，不过一看就是男人穿的。

我说："你就是弗罗里安夫人？——杰西·弗罗里安夫人(Mrs. Jessie Florian)?"

从她嗓子里咕噜出来一声，"嗯。"简直就是一个怏怏的病人早上刚醒来发出的声音。

"你就是弗罗里安夫人——你丈夫曾经在中央大街经营着一家餐饮娱乐中心？迈克·弗罗里安？"

她眼睛闪出诧异的光芒，向她肥大的耳朵后捋了捋头发，用低沉的声音说：

"什——什么？哎呀，我的天哪！迈克都已经去世五年了。你是谁？"

纱门还是没有打开。

"我是侦探，"我说，"我想了解一点儿情况。"

她一声不吭地盯了我半天，最后还是鼓起勇气把纱门打开了。

"进来吧。屋子里很乱，我没有时间打扫。"她抱怨着说，"你是警察？"

我走进屋里，顺手关上纱门。在屋内一进门左手边的角落里放着一台又大又酷的收音机柜，这是房间里仅有的一件像样的家具，还是崭新的。其他的家具都又破又脏，还有一把跟外面连廊上一模一样的木制摇椅。方形拱门那边是餐厅，里面摆着一张脏兮兮的餐桌。那边厨房的弹簧门上满满全是脏手指印。两盏浓艳而又陈旧的台灯，就像落魄的妓女。

她坐到摇椅上，看着我，拖鞋从她脚上砰然滑落。我看着收音机，坐到沙发的一端。她注意到了我在看收音机。她的表情和声音都带着虚假的热情，不过像中国茶一样清淡。“这是我所有的家当。”她说。接着她又哧哧地笑着说：“迈克没给留下什么新东西。很少有警察来找我。”

她的笑里面带着懒散酒鬼的声音。我感觉后背有什么东西硬硬的，摸索了一下，拿出一个空酒瓶。她又哧哧地笑了。

“真是好笑，”她说，“虽然他活着的时候不知道有多少女人，但是我还是希望他在天堂有无数便宜的金发美女陪着他。”

“我比较关心一个红头发的女孩。”我说。

“我想他应该有好几个红头发的。”在我看来，现在她的眼睛不再那么迷茫，“我想不起来了，除了红头发还有什么特征吗?”

“有，她叫威尔玛，如果她不是用的真名，我不确定她那段时间用的是什么名字。我正在为她的家人寻找她。你们在市中心的那家店尽管没换店名，但已经被黑人接管了，他们都没听说过她，所以我找到了你。”

“她的家人正在花时间找她——”她若有所思地说。

“跟钱有关系，不多，不过我想他们是为了钱才找她的，债主总是记忆力很好。”

“酒也一样，”她说，“谁不爱钱呢？尽管你是警察。”

她表情沉稳，眼神狡猾，双脚放在那双男式拖鞋里一动不动。

我拿起那个空酒瓶摇了摇，把它扔到一边。我又把黑人招待喝过的那瓶波本威士忌从身后拿出来，然后用手拿着放在膝盖上。她的眼神变得越来越怀疑，接着她满脸都是怀疑，就像一只小猫，但是一点儿都不可爱。

“你不是警察。”她缓缓地说，“警察从来不买那种酒，你是干什么的？先生？”

她又用那块手帕擤了擤鼻子，目不转睛地看着那个酒瓶。最终，她对美酒的欲望还是占了上风——当然，欲望总是能战胜猜疑的。

“这个威尔玛是个艺人，确切地说是歌手。你不认识她？我感觉你应该经常去那里。”

海藻色的眼睛还是看着那个酒瓶。她的嘴唇又有一层舌苔。

“先生，这个酒——”她叹着气说，“我不管你是谁了，小心你的酒，该喝点什么了。”

她起身晃晃悠悠地出了客厅，一会儿拿着两个脏兮兮的酒杯回来。

“没有下酒菜，只喝你买的酒吧。”她说。

我给她倒了满满一杯。她贪婪地端起酒杯，就像喝阿司匹林似的将酒整杯倒入喉咙，然后又看了看酒瓶。我又给她倒了一大杯，也给我自己倒了一点儿。她端着酒杯走向摇椅，眼睛已经变成褐色。

“先生，我喝这种酒没什么感觉。”她边说边坐到摇椅上，“我们说到哪里了？”

“哦，一个叫威尔玛的女孩，染着红色的头发，原来在你们中央大街的酒吧工作。”

“对。”她喝了第二杯酒。我把整瓶酒给她拿过去，放在她旁边。她抓住酒瓶说：“对了，你说你是谁？”

我把我的名片递给她。她轻轻地读了一下，然后把名片扔在她旁边的小桌子上，并把她的空酒杯压在上面。

“哇，私人侦探。你可没跟我说过啊，先生。”她带着指责的神态向我晃晃手指，“但是你的酒说明你人还不错。”她倒了第三杯酒，然后一饮而尽。

我坐了下来，点了一支烟，等她继续说。我不确定她是不是知道威尔玛的情况。当然，如果她知道她可以选择告诉我，也可以选择不告诉我，就是这么简单。

“多么可爱的红发女郎。”她深沉地说，“是的，我记得她，总是又唱又跳的。她走了，我也不知道她们去哪里了。”

“真没想到你会知道这些，”我说，“弗罗里安夫人，我来找你纯粹属于本能反应。喝酒，如果喝光了我再去买。”

“你不喝酒?”她突然说。

我用手握住酒杯，慢慢地喝了一口，好让她看起来我是喝了一整杯。

“她的家人在哪里?”她突然问。

“这有什么关系吗?”

“好吧，”她冷笑道，“警察都一个熊样。好吧，先生，给我买酒喝的人都是朋友。”

她拿起酒瓶倒了第四杯酒。“我不应该跟你聊，但是我觉得你不错，所以就无所谓了。”她痴笑着说，看起来那么可爱。突然，她像瞬间想起什么似的说：“我似乎能给你个惊喜。”

一边说着，她起身离开摇椅，打了一个喷嚏，差点儿把浴袍弄到地上。她整理好浴袍，冷冷地看着我。

“不要偷看!”她说，然后用肩膀关上了门，走出了客厅。

从她的脚步声听出她去了房子里面。

一品红还是不停地啪嗒在房子前面墙上发出沙沙的声音。房子边上的晾衣绳发出隐隐约约的咯咯吱吱声。卖冰激凌的小贩一边摇着铃铛，一边从这里走过。墙角的大收音机放着舞蹈曲目，就像现场演唱会一样。

这时从房子里面传来了嘈杂的声音，好像一把椅子被摔了个底朝天，紧接着又好像一个抽屉由于抽得太猛而掉在地板上……各种翻找东西的声音、东西掉落的声音、喃喃自语声、大笑声混成一片。接下来的是砸锁声、箱子顶上的嘎吱嘎吱声，紧接着又是更大的敲击声，又一个箱子掉到了地板上。我起身蹑手蹑脚地走进餐厅，喊了一声。我环视了一下房间，看到那边开着一扇门。

她在衣箱前面翻找着，好像抓住了什么东西，接着有点儿生气地往后用力甩了一下头发。她已经有点儿醉了，一边咳嗽一边叹着气坐到衣箱上。接着身体伏在胖胖的膝盖上，把手伸进衣箱里摸索着。

她的双手很不稳地从箱子里抓出一些东西，那是一打用已褪色的粉红色丝带扎住的包裹。她笨手笨脚地慢慢解开丝带，从包裹里抽出一个信封，然后又俯下身将信封从箱子的右手边塞了进去，接着又笨手笨脚地把丝带扎好。

我蹑手蹑脚地回到客厅沙发上。她喘着粗气晃悠悠地站在客厅门口，手里拿着那个用丝带扎着的包裹。

她朝我得意地笑了笑，把包裹扔给我，结果掉在我在脚边。她又摇摇摆摆地回到摇椅上，一坐下就伸手去拿威士忌。

我从地板上拿起包裹，然后解开那条褪了色的粉红色丝带。

“慢慢看吧。”她嘟囔着说，“照片，报纸。要不是警察的案件记录，他们这辈子都上不了报纸的。这就是他给我留下的全部——这些和他的破衣服。”

我翻开厚厚的一叠照片，全是一男一女摆着专业的造型。男人长着一张消瘦的脸，有几张穿着赛车服，其他的则是打扮得像个古怪小丑。

他们大部分人应该都没到过中央大街以西，你可能会看到他们在小镇或者便宜的剧院通过演杂耍赚钱。他们低俗的表演都快突破法律的下限，有时因为太下流了可能会被警察逮起来提起公诉，但是他们出狱后继续下流的演出，龇牙咧嘴，下流虐待，一身尿臭味。女人标致的美腿，穿着暴露，威尔·海斯①（Will Hays）肯定会封杀她们的。但是她们的脸上一脸俗气，就像书记员的办公外套。有的金发飘飘，浓眉大眼，带着乡下人的呆滞；有的眼小如鼠，带着淘气鬼的贪婪。还有几个一看就是品行不端，还有几个染着红色头发。看了这些照片让人不知道说什么好，我粗略地看了一下，一点儿都没兴趣，又把包裹扎好。

我说："我一个都不认识，我看这些做什么？"

她瞥了一眼她右手中没拿稳的威士忌，说："你不是找威尔玛吗？"

"这里面有她吗？"

她收起了笑容，满脸疑问地说："她的家人没有给你她的照片吗？"

这让她很困扰，每个女孩都有照片的，最起码也有张小时候穿着短裙、戴着发卡的照片吧，她觉得我应该有的。

她不动声色地说："我不再相信你了。"

我站起来拿着我的酒杯走到她的前面，然后把酒杯放在她旁边的茶几上。

"在你把那瓶酒喝完前，再给我满上一杯吧。"

---

① 威尔·海斯，美国政治家，律师，他的事务所曾为美国电影业制定自我审查制度。——译者注

她伸手去拿我的酒杯，我转身径步穿过客厅，接着穿过餐厅和走廊，走进那个杂乱的卧室，那个衣箱还在那里敞开着。她在后面大声喊我。我把手直接伸进衣箱的右侧，摸索到一个信封，并把它迅速地拿出来。

我从卧室回到客厅时，她才刚从摇椅上起身走了两三步。她的眼里有种奇特的光芒——能杀人的光芒。

“坐下。”我不慌不忙地大声对她说，“我可不是那个四肢发达头脑简单的驼鹿马洛依。”

她翻了翻眼，挺了挺鼻子，露出脏兮兮的牙齿。

“驼鹿？那个驼鹿？他怎么了？”她咽了一口唾沫说。

“他自由了，”我说，“出狱了，他丧心病狂了，还拿着一把四十五口径的柯尔特。今天早上他还在中央大街杀了一个黑人，因为那个黑人没有告诉他威尔玛在哪儿。他正在找八年前告发他的人。”

她脏兮兮的脸开始变得苍白。她直接拿着酒瓶对着嘴喝起来，还有很多酒从她嘴角流了出来。

“警察在抓他吧，”她边笑边说，“警察，哈哈！”

真是个有趣的老女人，不过我喜欢跟她待在一起。我喜欢为了我的不纯洁的目的而给她买酒喝。我真是个了不起的人，我太爱自己了。我可以帮你找到你想找的一切，我激动得有点儿肚子疼。

我打开手中的包裹，从里面拿出一张照片。这张跟别的一样又不一样，比别的漂亮多了。这个女孩上身穿着小丑上衣，戴着一顶顶部有个黑色毛球的白色帽子，帽子外面是柔软的暗色头发，能看得出以前应该是染成红色的。她侧着脸，但是从这边的眼睛可以看得出她很开心。我不得不说她是如此的漂亮，不知道该用什么词来加以形容了，总之就是漂亮。

所有人都会喜欢这么漂亮的脸蛋。不过这也是一张普通的脸，有很多这种漂亮的脸蛋。半夜的时候，你可以在街区上看到很多这样的脸蛋。

腰部以下是一双美腿。在照片的右下角写着一行字："我永远是你的——威尔玛·瓦伦（Velma Valento）"。

"为什么藏着它？"我问道。

她只是深深地呼吸，没有说话。我把照片放回信封，并把信封放到衣服口袋里。

"为什么藏着它？"我又问了一遍，"为什么不给我看这张？她在哪儿？"

"她死了。"她说，"她是个好孩子，不过她已经死了。请回吧，侦探。"

她黄褐色的乱糟糟的眉毛一上一下。她拿着威士忌的那只手松开了，酒瓶掉在地毯上，酒咕咕地从里面淌了出来。我弯腰去捡酒瓶，她想踢我的脸，我移步躲开了。

"你还没告诉我为什么藏着它，"我问她，"她什么时候死的？怎么死的？"

"不要欺负我这个半死不活的老婆子，"她嘟囔道，"给我滚，你这个浑蛋。"

我站在那里看着她，不知道说什么，也想不出有什么要说的。过了一会儿，我走到她身边，捡起了那个几乎空了的酒瓶，放在她旁边的茶几上。

她低头盯着地毯，墙角的收音机播放着欢快的音乐。外面驶过了一辆车，一只苍蝇在嗡嗡地撞着窗户。过了好久，她抿了一下嘴，然后对着地毯喃喃自语，听不清说了些什么。接着她又大笑着扭过头来，流着口水。她抬起右手，拿起酒瓶，对着嘴要把酒喝光，酒瓶碰着牙齿发出咯嘣声。她把酒喝光了，举起酒瓶摇了摇，把酒瓶扔向我。结果酒瓶被扔到墙角去了，酒瓶落在地毯上滚了起来，然后砰的一声撞到踢脚线上去了。

她眯着眼看着我，接着闭上了眼睛，开始打鼾了。

真是一场好戏，不过我不在乎。突然，我感觉我已经有了足够的线索，太足够了。

我从沙发上拿起我的帽子，走向门口，走出纱门。收音机还在嗡嗡地唱着，她还躺在椅子里均匀地打着鼾。我关上纱门前又看了她一眼。我又轻轻地打开门，看了她一眼。

她还是闭着眼，不过她的眼里闪出一道微光。我走下楼梯，走向大街。

她隔壁房子的窗帘打开着，一个消瘦的尖鼻子白发老太太正靠在玻璃上往外观望着。

老太太正在窥视着她的邻居，不过不只是她喜欢窥视自己的邻居的。我朝她招了招手，接着窗帘被拉上了。

我回到车上，开车回到了七十七街区。我爬到二楼去努尔缇那个难闻的办公室去找他。

6

从我走了到现在，努尔缇好像都没离开过座位。他还是带着那张苦脸坐在椅子上，不过在他的烟灰缸里多了两个雪茄屁股，地上的火柴梗更多了。

我坐在那张空桌子边，努尔缇递过一张原本扣在桌子上的照片。这是警方拍的照片，在侧面和正面都有指纹分类。照片上的人是马洛依，用强光拍的，他看起来好像是没有眉毛的法国佬。

“这就是他。”我把照片递回去。

“我们从俄勒冈州（Oregon State）得到了他的一条线索。”努尔缇说，“我们的警察正在全力搜捕他。到目前还不错，我们锁定他了，十七大街的巡逻队长向我们报告了情况。巡逻队长说体型、长相都很像。他在亚历山大港（Alexandria）第三大街下了公交车，然后在那里闯入了几个无人居住的大房子，那些房子大多都很老了，且离市区太远了，所以没有租出去。我们在那里守株待兔，等着他闯进来。你做什么去了?”

“他是戴着滑稽的帽子，穿着白球服吗?”

努尔缇皱了皱眉头，在膝盖上搓了搓手说:“不是，是蓝外套，又好像是棕色的。”

“你确定不是裙子吗?”

“啊? 太好笑了，你真把我逗乐了。”

我说:“那肯定不是驼鹿，他不可能坐公交车，他有很多钱。看看他穿的衣服，他不可能穿那种尺码的，他的衣服得定做。”

“好，教育我。”努尔缇阴着脸说，“你都做什么去了?”

“我做什么去了? 这个地方在还是白人区的时候就叫弗罗里安。我跟一个非常熟悉这里的黑人服务员了解了情况。那个招牌价值不菲，所以那个黑人老板接管的时候就没舍得换招牌。那里原来的老板叫迈克·弗罗里安，他几年前死了，但是他夫人还在。她叫杰西·弗罗里安，住在西五十四大街一千六百四十四号。本市的电话簿里面没有她的名字，但是住址簿里面有。”

“嗯，我该怎么做呢? 审问她吗?”努尔缇说。

“我已经替你审过了。我还给她带了一瓶波本威士忌。如果她从库利奇①（Coolidge）还是总统的时候洗过头的话，她还算是个迷人的中年妇女。我已经寅吃卯粮了。”

“说重点的。”努尔缇说。

“我向弗罗里安夫人问了威尔玛的情况。努尔缇先生，你

---

① 卡尔文·库利奇，美国第30任总统，生于佛蒙特州。——译者注

应该知道驼鹿马洛依正在找那个染着红发叫威尔玛的女孩吧。我没有说废话吧？努尔缇先生。”

“你懊恼什么?”

“你不明白。弗罗里安夫人说她不认识威尔玛。她家里破烂不堪，但是有台新收音机，得值七八十元。”

“你还是没跟我说重点!”

“弗罗里安夫人——就是杰西，她说她丈夫除了些旧衣服和一摞老照片以外什么都没给她留下。我不断地让她喝酒。她是个嗜酒的女人，为了喝酒不惜一切。大约喝了三四杯，她就去了她那脏乱的卧室，开始到处找东西，最后找到了一个旧衣箱。她不知道我在偷偷地监视着她，她从一摞照片里面抽出一张藏了起来。过了一会儿，我偷偷地溜进去，找到了那张照片。”

我把那张打扮成小丑模样的女孩的照片从口袋里拿出来放到他的桌子上。他拿起照片，看了看，然后读了读右下角的字。

“不错，”他说，“真不错。我从来没有这么好的一张照片，哈哈。威尔玛·瓦伦，这个宝贝现在怎么样?”

“弗罗里安夫人说她死了，但是不知道为什么她要把这张照片藏起来。”

“是啊，为什么她要把它藏起来呢?”

“她没有告诉我。最后当我告诉她驼鹿出狱了后，她就有点儿讨厌我了。这有点儿不可思议，不是吗?”

“继续。”努尔缇说。

“没有了。我已经把我知道的全都告诉你了。如果你还没有想出什么主意的话，那么就当我说了些废话吧。”

“我能有什么主意？还是个黑人凶杀案。等着我们抓到驼鹿吧。天哪，他都八年没见那个女孩了，除非她去探过监。”

“好吧，”我说，“不过不要忘了他正在找她，他会全力以赴地找她。顺便告诉你，他是因为抢银行才进监狱的，而且他抢了不少钱，谁把钱拿走了呢？”

“我不知道。”努尔缇说。“说不定我能查明真相，为什么呢？”

“有人把他卷进了抢劫案，他可能知道是谁。他很有可能再作案。”我站了起来，“就这样吧，再见，祝你好运。”

“你就这么走了？”我快走到门口时努尔缇说。

“我得回家洗洗澡，刷刷牙，剪剪指甲。”

“你没事吧？”

“只是脏了而已，”我说，“非常非常脏。”

“好吧，急什么，再坐会儿吧。”他靠在椅背上，把手指插入口袋，好让他看起来更像个警察，但是一点儿都不吸引人。

“不急。”我说，“一点儿都不急，我在这里也没什么事。这个威尔玛显然已经死了，如果弗罗里安夫人说的是真的，但是我也想不出来她对这个有什么好撒谎的。这正是我感兴趣的地方。”

“是啊。”努尔缇习惯性地用怀疑的口吻说。

“不管怎么说，你肯定会抓住驼鹿马洛依的。就这样吧，我还是现在回家吧，找点生意做，好糊口。”

“我们可能在驼鹿身上遗漏了什么。”努尔缇说，“他逃不了多久了，再说他那么大的块头。”他眼睛里还是充满了怀疑，不管他说什么都是这种眼神。“她花了多少钱雇用你？”

“什么？”

“那个老女人花了多少钱雇用你？”

“雇用什么？”

“不管怎么说，从现在开始你已经被解雇了。”他把手指从袖口里拿出来，然后双手交叉放在胸前。他笑了。

“噢，看着上帝的分上。”我说着走出了办公室。我出门刚走了有一米远，又折返回来，慢慢地打开门，瞧了瞧。他还是双手交叉着坐在那里，但是已经不再咧着嘴笑了。他看起来有些不安，但嘴还是张着的。

他没动身体，也没有抬头。我不知道他是否听见我开门了。我就关上门走了。

7

那年的日历上有伦布兰特[①]（Rembrandt）的画像，是一幅由于没有完全着色而显得很脏的自画像。在这幅画中，他用脏兮兮的手指拿着一个脏兮兮的调色板，并且戴着一顶脏兮兮的苏格兰帽。他另一只手泰然自若地在空中拿着一支画笔，好像是有人已付了定金，再稍微修改一下就完工了。他的脸已老态龙钟，加上常年饮酒使他变得更加苍老。但是脸上还有一丝生硬的笑容，眼睛就像露水一样闪闪发光。

大约四点半吧，正当我坐在椅子上看着摆放在办公桌上的日历时，电话铃响了。我听到电话里传来一个既冷又傲慢，还懒洋洋的声音。我说："喂。"

"你是私人侦探菲利普·马罗吗？"

---

① 伦勃兰特·皮尔（Rembrandt Peale，1778～1860），美国画家。——译者注

“你说呢?”“哦，你的意思就是是了。有人向我推荐了你，他说你的嘴很严，值得信赖。我想你今晚七点能来我家一趟，我们可以谈一谈。我叫林赛·马里奥特（Lindsay Marriott），住在蒙特马尔维斯塔（Montemar Vista）的卡布里洛街（Cabrillo Street）四千二百一十二号。你知道这里吧?”

“我知道蒙特马尔维斯塔，马里奥特先生。”

“好的，不过卡布里洛街比较难找。这里的街道排列比较有趣，但是错综复杂。我建议你从人行道上的咖啡店那边走上来。如果走上来，第三条街就是卡布里洛街。这里就我家这一栋房子。七点钟来吗?”

“你要找我帮你做什么？马里奥特先生。”

“我不想在电话里面说。”

“你可以简单说一下的，毕竟我离蒙特马尔维斯塔很远。”

“就算我们没谈成，我也会付给你相应报酬的。你还挑活吗?”

“只要是合法的，都可以。”

他声音又变得冰冷。他说：“如果没那事的话，我不会给你打电话的。”简直就是个哈佛学生，总是用虚拟语气说话。因为我的钱包已经空空如也了，听得我心里有点儿痒痒。我用甜蜜的声音说：“非常感谢你能给我打电话，马里奥特先生。我会准时到达的。”

然后他挂了电话。我想这时伦布兰特先生的表情应该是冷笑的。我从办公桌的深抽屉里拿出了一瓶酒，是一瓶烈酒。现在伦布兰特先生的表情应该有点儿着急了。

下午最后一缕阳光照在办公桌边上，然后又跑到地毯上。外面马路上的交通灯正当当响，汽车来来往往。隔壁律师办公室的一台打字机正在吱吱地打字。我正沉浸在这一切中，点了一根烟，这时电话又响了。

这次是努尔缇。他的声音听起来像是嘴里塞了个烫手山芋。当他知道是我接的电话后说："那个，我想我没什么好主意了。我没想到，马洛依去找弗罗里安夫人了。"

我紧张地使劲握着电话，感到一丝丝寒意。"接着说，我以为你们已经抓住他了呢。"

"那个人不是马洛依，马洛依从来没在那里出现过。我们接到一个电话，是西五十四街上的一个老偷窥狂打来的。她说有两个人去找过弗罗里安夫人。第一个人处事非常谨慎，把车停在路的另一边，一看就是非常谨慎的人。在他进房子之前，仔细观察了四周。他大约在里面待了一小时。他六尺高，黑发，中等身材，出来的时候显得非常安静。"

"他还一嘴酒气。"我说。

"哦，对，那个人就是你吧？第二个人是驼鹿。他拿着一把大枪，也是开车来的，但是因为距离太远，所以那个老太太没有看清车牌号。大约在你离开一小时后他就去了。他匆匆地进去，也就待了五分钟。他从房子里出来时还拿着一把手枪，而且还在转着枪膛。我猜老太太看到了他做的一切，所以她就打电话给我们了。她没有听见房子内有枪声。"

"他一定很失望。"我说。

"是的，肯定非常失望。不过那个老太太还漏掉了一个细节。我们的便衣警察也去那里了，在门口没听到什么动静，前门没锁，所以他们就进去了。房子里没有尸体，也没有活人在家。弗罗里安夫人应该是出去了。所以他们去了邻居家，告诉那个老太太情况。老太太说没有看到弗罗里安夫人出去。他们向我报告了情况，继续追查案件去了。大约过了一个小时，也可能是一个半小时，老太太又打电话说弗罗里安夫人回家了。我问她还有什么重要情况的时候，她就把电话挂掉了。”努尔缇屏住呼吸等着我的建议，但是我真没想到什么好主意。过了一会儿他继续喃喃地说，“你怎么看？”

“我也不知道，那个驼鹿估计还会去找弗罗里安太太。他肯定很了解弗罗里安太太，所以他没有逗留很长时间。他去找弗罗里安太太是很明智的。”

努尔缇平静地说：“我是这么想的，我应该去看看她，看看她去哪儿了。”

“那是个好主意，你终于可以离开你的椅子了。”

“呃？哦，又一个笑话。尽管现在什么也改变不了，但我想我也不至于那么招人讨厌吧。”

“好吧，”我说，“不管怎么着，努力吧。”

他哧哧地笑了。“我们全力缉捕马洛依，这次我们做好全部准备了。我们发现他最近在吉拉德（Girard）北部出现过，他在那里加油了，加油站的人通过我们前一阵子在广播中的描述认出了他。他说的所有特征都相符，除了马洛依换了一件黑外套。我们联络了当地的警察，如果他继续往北走，我们将在文图拉（Ventura）抓住他；如果他走里奇鲁特（Ridge Route），他将在卡斯塔克①（Castaic）的关卡接受检查，如果他不配合停车接受检查，关卡人员会打电话通知前方封路。如果可以的话，我们不想开枪。这听起来不错吧？”

“确实不错。”我说，“如果那真是马洛依，并且能按你所期望的那样做的话。”

---

① 卡斯塔克，位于北部 5 号高速公路两旁，主要道路：瑟旧路（Old Rd）和里奇鲁特（Ridge Route Rd）。——译者注

努尔缇清清嗓子说：“是的。你会做什么呢?”

“没有，我有什么好做的呢?”

“你跟弗罗里安夫人待了那么长时间，而且还相处得不错。她是不是还有更多的线索?”

“你是让我去找瓶酒吗?”我说。

“你可以很好地控制她的情绪，或许你可以在她身上多花点儿时间。”

“我想这是警察的工作。”

“嗯，是。你不想对那个女孩——威尔玛，多了解一下吗?”

“她已经死了，除非弗罗里安太太撒谎。”

“弗罗里安夫人可能因为某些事情撒谎啊，”努尔缇严肃地说，“而且，你也不是很忙，不是吗?”

“就在你打电话之前我刚接了一单活，而且是有报酬的活。对不起了。”

“你不想管这个事情了?”

“我也不想，但是我得挣钱糊口啊。”

“好吧，老兄。如果你那样觉得的话，好吧。”

“我不想那样。”我几乎是大喊着说，“我只是没有时间给你和你们这些警察当走狗。”

“好吧，你还生气了。”努尔缇说，然后挂了电话。我对着那边挂了的电话咆哮着说：“他妈的，这里有一千七百五十个警察，他还想让我给他们当走狗。”

我放下电话，又喝了一杯。过了一会儿，我下楼到大厅买了一份晚报。努尔缇有一句话是对的，蒙哥马利凶杀案都没有在报纸上登通缉令。

我走出办公室，早早地去吃了个晚饭。

8

刚要黑天时，我到了蒙特马尔维斯塔。这时还能看到波光粼粼的海面，缓和的长浪轻轻地拍打着岸边。一群鹈鹕在水面上飞行，就像是一圈轰炸机。一艘游艇正在驶向贝城（Bay City）的港口，再远处是泛着太阳余晖的广袤无垠的太平洋。

蒙特马尔维斯塔只有各种形状不同、大小不一的几十栋房子，就像是挂在山上的牙齿和眉毛，感觉一个喷嚏就能把房子震到沙滩小贩的饭盒里。

沙滩边上有一条公路，上面有一条人行天桥。水泥台阶直通山上，台阶边上是厚重的镀锌扶手。天桥边上的人行道上就是我的客户所说的咖啡馆，咖啡馆里灯火通明，人声鼎沸。但是相比之下，外面条纹遮阳伞下面的桌子边除了坐着一个黑皮肤女人外空荡荡的，她抽着烟，悻悻地看着大海，前面桌子上还放着一瓶啤酒。当我把车停在咖啡馆边上的停车场时，她在心不在焉地责骂着那条拴在灯柱上的狗。

我停好车，折返回来，开始爬天桥。如果你喜欢运动的话，这真是一条不错的路线。从这里到达卡布里洛街足足有二百八十级台阶。这里能感受到沙滩吹来的清风，不过护栏冷冷的湿湿的，就跟青蛙肚子一样。

当我爬到卡布里洛街时，水上的银光已消失了。一只瘸腿的海鸥正在迎着海风艰难地飞行。我坐在潮湿的台阶上，脱下鞋子，将里面的沙子倒了出来，顺便歇一歇，喘了口气。过了一会儿，我的呼吸终于不再那么急促，正常多了。我整理了一下衬衫，走向了离台阶不远处仅有的那栋房子。

这是一栋很漂亮的小房子，房子前面通向前门的是一段螺旋状的楼梯，但看起来有点儿被海风腐蚀了。门前挂着一只复古的廊灯，楼梯下面的一边是车库，车库门开着。透过廊灯的光线，可以看到像一艘黑色的战舰似的汽车停在那里，车边贴着镀铬亮条，车前顶盖上有一尊自由女神像，还刻着铭牌。车是右驾的，看起来比这房子还贵。

我走上旋转楼梯，没有找到门铃，只好用门上的一个虎头门环敲门。敲门声消失在刚人夜的薄雾里。房子里没有任何脚步声，我潮湿的衬衫就像冰块一样贴在后背上。门静静地开了，呈现在我面前的是一个高挑的白人，身着白色法兰绒西装，围着紫罗兰色的绸缎围巾。

在他领子上矢车菊的对比下，他浅蓝色的眼睛显得有点儿暗淡。他那条紫罗兰围巾敞开着，很显然他没有系领带，可以看到他那粗大、柔软的棕色脖子，有点像粗壮女人的脖子。他有点儿微胖，但是很英俊。他比我高一英寸，那就应该是六尺一寸高。他金色的头发应该是经过打理，或者天生就分了三层，好像是阶梯一样，所以我不是很喜欢。除了他这样的人，谁还会穿着白色法兰绒西装、围着紫罗兰色的围巾、领子上还有矢车菊呢?

他轻轻地清了清嗓子，透过我的肩膀看了看外面黑漆漆的海。他用又冷又傲慢的声音说：“你就是?”

“七点，”我说，“我很准时。”

“嗯，是的。你就是——”他暂停了一下，皱着眉头回想了一下。

我让他思考了一小会儿，说：“菲利普·马罗。像我今下午跟你说的一样。”他朝我皱了一下眉头，像是记起了什么，然后他后退一步，冷冰冰地说：“哦，对。我想起来了。进来吧，马罗。我的管家今晚不在家。”

他用指尖把门开大点，好像是门会弄脏他的手一样。我从他身边走进客厅，闻到了一股香水味。随后，他关上门。走过门厅是一个下沉式的大客厅，其中三面围着栅栏，剩下的那面是一个大壁炉和两扇门。壁炉内火在噼里啪啦地燃烧着，客厅边上摆放着书架和几尊泛着金属光泽的带底座雕像。

我们往下走了三步阶梯就到了客厅，地毯厚得可以达到我的脚踝。客厅里还有张大钢琴，不过没有打开。在一角桃红色的丝绒上摆放着一个高大的银花瓶，里面还插着一枝黄玫瑰。客厅摆满了软体家具，就地放了很多软垫，有的上面嵌着金色流苏，有的是光面的。这客厅真是富丽堂皇。在一个背阴的角落有一张铺着缎子的大沙发床，像是定制的。这就是那种富人居住的房子，他们跷着二郎腿，喝着美酒，高谈阔论或者什么也不干。这就是那种真正在家享受生活的房子。

林赛·马里奥特先生走到钢琴旁，俯身闻了闻那枝黄玫瑰。他打开一个精致的法国珐琅香烟盒，然后拿出一支带着金色滤嘴的棕色香烟，将它点着了。我找了一张粉红色椅子坐下，希望我没弄脏它。我也点了一支烟，不过是骆驼牌的。我深深地吸了一口烟，然后从鼻孔里吹了出来，盯着一个闪闪发光的金属雕像看。马里奥特注意到我在看雕像。

“有趣吧，”他漫不经心地说，“我前些日子刚弄到的，阿斯特·戴尔（Asta Dial）的《拂晓之灵》（Spiritof Dawn）。”

“我以为是克罗普斯坦（Klopstein）的《两个屁股蛋》（Two Warts on a Fanny）。”我说。

他的脸色变得十分难看，费了好大劲儿才平复下来。

“你的幽默真是非同寻常。”他说。

“很平常，只是无拘无束罢了。”我说。

“的确是。”他冷冷地说，“当然，我明白。好吧，言归正传。我这次找你不是什么大事，很抱歉让你这么大老远过来。今晚上我要去给几个人付笔钱，我想最好有个人能陪我一起去。你带枪了吗？”

“嗯。”我说。我看到他脸颊上深深的酒窝，都可以放进一颗玻璃球。

“我不想你带枪去，这只是个商业交易，用不到枪。”

“我从未想要朝别人开枪。”我说，“是绑架勒索吗？”

他皱了皱眉说：“当然不是，我是那么容易被绑架勒索的吗？”

“什么人都可能被勒索，而且好人更容易被勒索。”

他弹了弹香烟。从他淡蓝色的眼中看得出他正在若有所思，但是嘴还在微笑着。

他仰着头吐了几个烟圈，他的咽喉变得更加突出。他慢慢地垂下眼皮，开始打量我。

“我很有可能在一个很偏僻的地方见他们。我现在也不知道在哪里，得等他们的电话。我只知道不会离这里很远，我已经做好随时出门的准备了。”

“这个交易有一段时间了吧？”

“已经三四天了。”

“你今天才想到要找个人保护你。”

他思考了一下，弹了一下香烟，说：“是的，我也不知道该怎么做才好，应该我一个人去的。但是也没说不准我带人一起去，再说我又不是英雄。”

“他们应该认识你吧？”

“我也不知道，我要带一大笔钱，而且不是我的钱。我是在帮朋友交易这笔钱，我必须做到万无一失。”

我熄掉手中的烟，靠在椅子上，转着手指。“多少钱？为什么？”

“呃——”他脸上露出了笑容，但是我还是不喜欢。“我不能说。”

“你只是让我帮你拎包吗？”他抖了一下手，因为有烟灰落在了他的白色袖口上。他打掉烟灰，看了看那个污点。

“我想我不大喜欢你的态度。”他说。

我说：“我也不想是这种态度。我们分析分析，你要找个保镖，但是保镖不能带枪。你又想找个助手，但是助手不知道要去干什么。你让我在不知道为什么、干什么、有什么风险的前提下，就去卖命。你准备出多少钱？”

“我还没想这个问题。”他脸红了。

“你不该想想这个问题吗？”

他优雅地向前俯了一下身子，咧着嘴笑着说：“你想不想让你的鼻子吃一拳？”

我笑了笑，站起来，戴上我的帽子，径直走向前门，但是走得不快。他在我背后喊："我付你一百元。如果你觉得不够，你说多少。这次什么危险都没有，只是我朋友的珠宝被抢了，我去帮他赎回来。回来坐下，别那么容易恼怒。"

我又回到粉红色椅子上坐下。

"好吧。"我说，"跟我说说。"我们对视了几秒钟。

"你知道翡翠吗?"他慢吞吞地说，接着又点了一支烟。

"不知道。"

"它价值不菲，是一种玉石。其他的玉石本身并不贵，贵在雕琢。而翡翠本身就价值不菲，所有知名的翡翠矿在几百年前就挖光了。我一个朋友有这么一串翡翠项链，用六十颗小翡翠串起来的，每颗有六克拉重，而且是经过精雕细琢的，它价值八九万元。中国有一串稍微大一点点的，价值十二万五千元。我朋友的翡翠项链在前几天的晚上被抢了。当时我也在，但是我也无能为力。那天我开车带朋友去参加一个晚会，然后去了卡德罗（Trocadero)，后来我开车送她回家。回来的路上有辆车蹭了我的车，然后停下来，我还以为是过来道歉的。没想到是抢劫的，他们动作非常快、非常专业。他们有三四个人，我只看见了两个，但是我确定其他人在车上，有一个应该在驾驶室，另一个应该坐在后排。他们抢走了我朋友脖子上的翡翠项链，还有两个戒指和一个手镯。他们其中一个拿着手电筒，应该是他们的头目，不慌不忙地检查了他们抢到的东西，然后把一个戒指扔给我们。他跟我们说，这是让我们知道是在跟什么人打交道，让我们在家等电话，不要报警和找保险公司。我们都照做了。你知道只要不声张，给他们赎金，我们还能拿回珠宝，否则就再也见不到它们了。如果给珠宝买了全险，完全可以不管了。但是那是稀有物件，还是应该付赎金。"

我点点头。

“这个翡翠项链非常稀有，几乎买不到。”他做梦般地用手指滑过钢琴，这种光滑的触感，让他很满意。

“真是独一无二的。她就不应该把它戴出来，真是个粗心大意的女人。虽然戒指和手镯也价值连城，但跟翡翠项链相比，就显得很一般了。”

“呃，你要付多少赎金？”

“八千元，真不多。所有人都知道这件翡翠项链，所以他们很难出手。”

“你这个朋友叫什么名字？”

“我现在还不能告诉你。”

“你觉得应该怎么办？”他看着我。我感觉他有点儿害怕，但我还不是很确定。他可能是喝酒了，那只拿着香烟的手有点儿发抖。

“我们这几天一直在通过电话交涉——通过我。除了时间和地址，所有事情都商妥好了。他们今晚应该会给我打电话，还说交易地点不会离这里很远。他们让我准备好，随时出发。我想他们是提防我们报警吧。”

“嗯，你在钱上做记号了吗？应该是纸币吧？”

“当然，二十元一张。没有记号，为什么要做记号？”

“记号可以在不可见光下显现出来的。也没什么特别的原因——只是警察为了抓住犯罪分子的同伙——如果他们有同伙的话。警察可以在他们同伙花这些钱的时候抓住他们。”

他紧锁眉头沉思着。“我还是不明白不可见光是什么意思？”

“就是紫外线，在黑暗中它可以使一种含有某种金属物质的墨水发出荧光。我可以帮你做记号。”

“现在没有时间了。”他说。

“我还有件事不明白。”

“什么事情?”

“你今天下午为什么要打电话给我？为什么找我？谁告诉你的?”

他像一个少年一样笑了，说：“恕我直言，我只是随便从电话本上选了一个。你知道我本来是要自己去的。只不过下午我才想我为什么不再找一个人陪我去呢?”

我又点上一支烟，不过这支烟已经被压扁了。我看着他的喉结说：“你是怎么计划的?”

我摊摊手说：“就是带着钱去把翡翠项链赎回来。”

“啊哈。”

“好像你很喜欢那样说话。”

“什么样?”

“啊哈。”

“到时我在哪里？就坐在车上吗?”

“我是这么想的。因为车很大，你可以很轻松地藏在里面。”

“听着，”我说，“你想今晚上接到电话后，把我藏在车后面去见他们。你想带着八千元去赎一条值八万甚至十万的翡翠项链。估计你得到的只是一个不准现场打开的箱子——-如果你能拿到箱子的话。我想如果他们心肠太热的话，顶多就是把钱拿走数数，然后把项链寄给你。他们很有可能再骗你一次，就算再骗你，我也无能为力。你要明白他们是抢劫犯、暴徒，他们很可能把你打晕再把钱拿走。”

“嗯，实际上，我也有点儿担心。”他淡淡地说，并转了转眼珠，“我想我真的需要有个人陪我一起去。”

“他们抢劫的时候用手电筒照你了吗?”

他摇摇头，说没有。

“没关系，他们有很多机会看清你，说不定他们早就把你的底细弄清楚了。你镶了几颗金牙他们都会知道的。你经常跟那位女士见面吗?”

“呃——经常吧。”他呆呆地说。

“结婚了?”

“嘿，能不谈她吗!”他匆忙地说。

我说:“好吧。我知道得越多，犯错的可能性就越小。我不该接这份活。我真不该，马里奥特先生。如果他们想要花样，你是不需要我的;就算他们不要花样，我也做不了什么。”

“我只是需要一个同伙。”他立刻说。

我耸耸肩，摊开手说:“好吧，但是我来开车，去赎项链，你藏在车里。我们身材差不多，如果他们有异议，我就告诉他们实际情况，这样没什么闪失。”

“不。”他咬了一下嘴唇。

“你给我一百元，我什么都不做?如果要挨闷棍，应该是我吧。”他皱着眉，又摇摇头，但是过一会儿，他的额头舒展开来，笑了起来。“非常好。”他拖着长长的音调说，“好，不管怎么说我们要一起去。喝点白兰地吗?”

“嗯，你能先给我那一百块钱吗，这样的话，我心里觉得踏实。”

他高兴地走着，像是在跳舞，上半身几乎没有晃动。

当他准备走出去的时候，电话响了，电话在阳台边上的一个小壁龛里。

那不是劫匪的电话，因为他接电话的声音是那么温柔。

一会儿他又踩着舞步回来了，手里拿着一瓶五星马爹利[①]（Five-Star Martell）和五张崭新的二十元票子。这真是一个美好的夜晚啊——至少现在是。

① 马爹利，著名干邑白兰地品牌，也是世界上最古老、最驰名的白兰地酒。它是以其创始人的名字命名的。——译者注

9

屋里十分安静。外面远处传来的像是海浪声，又像是疾驶的汽车声，又像是风吹动松树的声音。我倾听着这声音，陷入了沉思。

接下来的一个半小时内，来了四个电话，不过劫匪打来电话的时间是十点零八分。马里奥特接起电话用很低的声音简短地说了几句。他轻声放下电话，轻轻地站起来，脸色很难看。他换了一身深色衣服，无声无息地回到客厅，给他自己倒了一杯白兰地。他拿起酒杯迎着灯光看了看，晃了晃杯中酒，仰头喝了下去。

"我们都准备好了，马罗。"

"我随时可以出发，我们去哪儿?"

"普锐斯玛峡谷（Purissima Canyon)。"

"那是哪里?"

"我去拿地图。"他把地图拿来摊开。他弯下腰找了起来，金黄色的头发在灯光的照耀下闪闪发光。他找到了，用手指着。那个峡谷是在山路边上的一堆峡谷中，那条路是在贝城北面的一条通往城里的公路。我知道那个峡谷的大体位置了，好像是在沿海公路的尽头。

“也就十二分钟的路程。”马里奥特说。

“我们得快点，我们只有二十分钟。”

为了使我容易被劫匪发现，他让我穿上了一件浅色外套。外套很合身，我戴上我的帽子。我还在袖子里藏了一把枪，不过我不能告诉他。

当我穿上外套时，他的声音还是有点儿紧张，手掌不停地在那个装着八千元的牛皮纸信封上拍打。

“他们说普锐斯玛峡谷中有一处平地，那里被一道四英寸厚四英寸宽的白色木栅栏与道路隔开了，但是可以开车进去。然后那里有条蜿蜒的小土路通向一块洼地。我们就在那里停车等着，附近没有人家。”

“我们?”

“我是说‘我’。”他把那个牛皮信封递给我。我打开瞄了一眼，确实是一大摞钱。我没有数，把钱重新封好，放进我的上衣内口袋里。

我们走到门口，马里奥特把灯全都关上了。他轻轻地打开前门，盯着外面的雾气看了会儿。我们走下螺旋楼梯，来到车库。

这里晚上总是有雾气，因此我打开雨刷清理了一下前风挡玻璃上的雾水。

这台进口车真不错，我们从蜿蜒的山路上开到沙滩边上的公路上仅用了两分钟，接着右侧映入眼帘的是那个咖啡店。我终于明白他为什么让我从台阶走上去，要是开车上去我根本就找不到他家在哪里。

公路两边的汽车灯光好像架起了两道光柱。大约过了三分钟，我们在一个大加油站边转到山脚下小路上，继续在弯曲的山路上行驶。这里静极了，让人感到有点儿落寞，可以闻到海草和山草的味道。山上点缀了几处黄色的灯光，就像是树上熟透的橘子。对面车辆的冷光灯照在人行道上，接着又照向黑暗的空中。透过薄薄的雾气可以看到繁星点点。

马里奥特坐在黑漆漆的后排座椅上，探过身来说：

“右边是观景楼海滨俱乐部（Belvedere Beach Club），还亮着灯呢。下一个峡谷是拉斯普拉盖斯峡谷（Las Pulgas），再下一个就是普锐斯玛峡谷。我们在第二个山坡顶上右转。”从他的说话声中能听出他有点儿紧张。

我低声地说：“把你的头放低点。”我扭头朝后说，“我们有可能一出门就被跟踪了。我们太显眼了，他们有可能不希望你带个同伙来。”

我们穿过一个峡谷的低洼地带，然后过了一个上坡又下坡，接着又上坡又下坡。这时马里奥特紧张地说：

“在下个路口有个方形的塔楼，在那里向右转。”

“交易地点不是你选的吧？”

“怎么可能。”他冷冷地笑了笑，“只是赶巧我对这里比较熟。”

我在转角处右转，车灯照在一块路牌上，上面写着“沿海公路”。我们驶向一条宽阔的街道，但是路边杂草丛生，还有未完工的路灯。看来有人在这里投资房产失败了。在人行道后面的杂草中，蟋蟀声和蛙声连成一片。

刚开始还能看到一两栋房子，后来就一栋也看不到了。我还能看到远处一两处模糊的灯光，不过估计他们早已经睡熟了。前面水泥路突然完全消失，变成了比较硬实的土路。从我们右方还能远远眺望到观景楼海滨俱乐部，再远处是海水泛起的微光。这里充满了野草的味道，接着看到一道白色的栅栏挡在土路上。马里奥特在我身后说：

“我觉得咱们开不进去，太窄了。”

我熄火，将灯光调暗，静静地坐在那里，周围没什么异常的动静。我关掉车灯，下车。有那么一瞬间，蟋蟀停止了叫唤，世界是那么的安静，以至于我可以清楚地听见一英里外山下的汽车声。接着蟋蟀又叫了起来，越来越多，到处都是蟋蟀叫声。

“在里面好好待着，我去下面看看。”我在车后轻声说。我摸了一下袖口里面的枪，然后往下走去。实际上白栅栏和灌木丛中间的空地比坐在车上看到的要大很多。这里的灌木丛应该有人清理过，路上还有车辙，可能是有人来这里幽会过。我穿过栅栏，前面有条弯弯曲曲的路，再下面是漆黑的一片，还能隐隐约约地听见海浪声，看到沿海公路上的汽车灯光。再往前就到了路的尽头，那里是一片被一圈灌木丛围住的空地。这块空地只有我刚来的那条路通向这里。我站在那里竖着耳朵听周围的动静。

每一分钟都是煎熬，我在等待着新动静。没有人来，偌大的地方只有我一个人。

我眺望着那个俱乐部。我想如果有人在俱乐部顶上用夜光望远镜就能把这里的一举一动看得很清楚。他们可以看到有没有车进来，有没有人下来，下来了几个人。他们站在那个处于暗处的房间，用夜光望远镜可以看到比你想到的要多得多。

我转身往回走。我被一个灌木丛中突然叫唤的蟋蟀吓了一跳。我沿着蜿蜒的山路往回走，穿过白栅栏，还是什么动静都没有。在黑暗中，可以微微看到那辆黑色的进口车辙的暗灰色的光。我走到车边，把一只脚放在脚踏板上。

“好像是在试探你。”我声音很低，但是坐在后排的马里奥特应该可以听到，“先看看你有没有履约。”

他在车上只是动了动，没说话。我继续看看灌木丛中有没有动静。

我现在站在明处，他们很容易从后脑勺一棍子把我打晕。后来，我想我应该是听到了“嗖”的一声，也许是后来自己想象的。

10

“四分钟，”有个声音说，“五六分钟吧。他们动作很快，又没有动静。他都没来得及喊叫。”

我睁开眼，模糊地看到一颗星星。我躺在地上，感到很难受。

那个声音又说：“也有可能更久，说不定有八分钟。他们可能就藏在车子边上的灌木丛里。他肯定是被他们用灯光一照就昏过去了——吓得。胆小鬼。”

他们不说话了，我试着单膝跪着站起来，但是我感到一阵刺痛从后脑勺直到脚踝。

“他们其中一个躲在车里等着你回来，其他人都躲在灌木丛里。他们可能猜到他会带同伴的，有可能在电话中他的声音就让他们产生怀疑了。”

我脑袋很晕，用手掌撑着地面以保持平衡，继续听他们说。

“嗯，就是这么回事。”那个声音说。

这是我的声音，我是在不由自主地自言自语，是大脑在潜意识中弄明白来龙去脉的。

“闭嘴，傻瓜。”我说。我停止了自言自语。

远处是汽车的嗡嗡声，身边是蟋蟀的唧唧声，还有那树蛙拖着长长的声调咦咦咦地叫着。现在这些声音听起来是那么的烦躁。

我收起撑在地上的手，甩甩沾在手掌上的草汁，又在外套上擦擦手。我竟然为了一百块钱接了这么个好活。我摸摸外套的内口袋，很显然，牛皮信封没有了。我又掏了掏我自己外套的口袋，钱包还在。我想知道我那一百元还在钱包里吗？估计没有了。我觉得有个硬东西顶着我的肋骨，那是我的枪。

枪还在真好，他们没把我的枪掠走，这种感觉就像杀了一个人再给他合上眼一样。

我头上的触觉神经告诉我，帽子还在。我把它摘下来，没有感觉到不适。这颗脑袋已经跟了我好多年了，真不错。它现在稍微有点儿软，好像很多汁，又有点儿嫩。要不是戴着帽子，我估计脑袋就不能用了。

我用右手撑地，抬起左手，看了看手表，现在是十点五十六分。

那个电话是十点零八分打来的，通话时间大概两分钟，我们准备出门用了四分钟。当你认真做事的时候，时间过得并不快，因此你可以在几分钟内做很多事情。我这样说得明白吗？我管他明不明白呢。其实，我的意思是我们应该是十点十五出的门，然后是十二分钟的车程，也就是说我们到这里的时间是十点二十七分。我走到那块平地，待了一会儿返回来，大约用了八分钟，然后我就被击晕了，那时应该是十点三十五分。我应该是脸朝下倒地的，因为我的下巴刮破了。我怎么知道是刮破了呢？因为我感觉到疼。不，我看不到我的下巴，我也没看，这是我的下巴，我当然知道它已经被刮破了。到此为止，因为……

现在是十点五十六分，我已经昏迷了二十分钟了。

二十分钟，打了一个不错的小盹。就是这二十分钟，我弄丢了八千元，把活儿搞砸了。二十分钟，可以毁掉一艘战舰、三架或四架飞机、绞死两个死刑犯；你可能死去、结婚、被解雇、拔牙、做个手术；你还可能起床、在俱乐部里喝杯水。总之，什么都有可能。

在野外，这么冷的晚上，昏迷了二十分钟，真是很久。我打了个寒战。

我还跪在那里，没站起来。这里野草的味道让我变得非常恼怒。我手上的黏液可能是蜂蜜，一想到蜂蜜是那么的甜，然后我的胃轱辘地转了一下。我咬着牙，咽了口唾沫。我的额头冒出了虚汗，又打了一个寒战。我先用一只脚站起来，然后两只脚，还是有点儿站不稳，感觉像个瘸子。

我慢慢地转过身，发现车不见了。从这儿到沿海公路上什么都没有，左边那个白栅栏还在那里。那边透过灌木丛可以看到空中有微弱的光，那就是贝城。右边远处是观景楼俱乐部。

我走到车子原来停的地方。我从口袋里拿出一支钢笔，上面带有小手电，它微弱的光照在地面上。这里的土壤是红色的，如天气干燥就会变得比较结实，但是现在天气不是很干。这里有薄雾，地面有点儿湿，可以分辨出停车的位置。我能看到车痕，但是很轻。我的后脑勺还有点儿疼，让我感觉有点儿晕。我沿着车痕走了十多步，看出车痕往左偏直到栅栏，然后就没有了痕迹。

我站在栅栏那里，发现灌木丛刚被折断的痕迹。我从那个缺口走到那条小路上，路上多了几条车辙。我又走到那块四周都是灌木丛的平地上。

车停在那里，真是一辆不错的车，就算是在夜幕下，车上的亮条也依稀可见，并且在小手电的照射下尾灯反射出红光。那辆车静静地停在那里，关着门，也没开灯。我咬着牙慢慢走向车边。我打开后车门用手电照了照，没有人，前面也没有人。车钥匙还插在那里，但是已经熄火。车内没有打斗的痕迹，没有血，没有尸体，一切都很完好。关上车门，围着车周围找线索，但是什么都没发现。

突然，我被一个声音吓住了。

灌木丛那边有引擎声。我关闭手电筒，本能地拿出手枪。在崎岖的路上，车灯照出的光束一上一下地闪烁着。我从声音判断那应该是辆私家车，它的引擎声不是很大。

灯光越来越亮，一辆车从那条土路开过来，然后走了三分之二停下了。有人打开了一把聚光灯，朝四周照了照，过了好一会儿又关闭了。那辆车又开始朝这边开过来。我拿着枪，把它藏到马里奥特的车后。

一辆小跑车开到平地，并掉了头，这样车灯就能把这辆车照亮，看清这辆车的情况。我赶紧低下头，那辆车的灯光正好从我头上扫过。那辆小跑车停下来，熄火，关闭了前大灯。一切变得那么安静。这时，车门开了，伸出一只脚踩在地上。接着又陷入了安静，那些蟋蟀也停止了叫唤。那个人下了车，用灯在马里奥特车底探照。我的脚来不及躲藏，那束光照在我的脚上，又没有了动静，接着灯光从车顶照射过来。

接着响起一个女孩的笑声。在这个鬼地方听到这种笑声，真是太诡异了。她又用灯光从车底照到我的脚上。

她用不是很高的声音说：“好了，你出来，举起手来，放下手中的东西。你被发现了。”

我没有动。

那个灯光晃了一下，应该是拿着它的手晃动了，灯光又慢慢地照到车顶。她尖声说：

“听着，陌生人。我的手枪有十颗子弹，你再不出来，我可朝你脚开枪了。还不出来?”

“你举起手来，不然我把它从你手中打掉。”我喊道。

“还挺犟。”她的声音听起来有点儿颤，太好了，她也有点儿紧张了。不过，她又强硬地说：“出来！我数三声。看看我给你准备了什么——十二发子弹，也可能是十六发。你还想要你的脚吗？你想终生残疾吗?”

我迎着光慢慢地站起来。

“我一紧张就容易多说话。”我说。

“别动！你是谁?”

我从车这边绕到她那边去，在离她六英尺远的地方停了下来。她一直用灯光照着我。

“别再动了。”她大喊，“你是谁?”

“让我看一下你的枪。”

她把枪放在灯光前面，还瞄着我的肚子。那是一把手枪，好像是一把柯尔特手枪。

“那是，”我说，“那是把玩具枪，只有六发子弹，就是把小玩具枪。你还骗我。”

“你是个疯子吗?”

“我？我被人打劫了，脑子还有点儿晕。”

“那是你的车吗？”

“你是谁？”

“你在找什么？”

“我明白了。你已经回答我的问题了，我在找一个男人。”

“他留着金色的鬈发吗？”

“至少现在不是，以前可能是。”她说。

“我没看见他。”我一瘸一拐地走着说道。

“我是沿着车辙走到这里，他受伤了吗？”我又向前走了一步。她又用枪对着我，用手电照着我。

“放松，放轻松。你朋友已经死了。”

我沉寂了一会儿说：“好吧，我们去看看。”

“你站着别动，你是谁？这里发生了什么？”她干脆地说。

“马罗，菲利普·马罗。我是一个私人侦探。”

“怎么能证明你的话？”

“我得用我的钱包里的东西证明。”

“我想不必了。你的手别乱动，先跳过这个问题。你来这里做什么？”

“那个人可能还没死。”

“他肯定死了，脑浆都出来了，继续，快点说！”

“他可能真的还没死，我们过去看看。”我又向前走了一步。

“再动我就打死你。”她喊道。

我又往前走了一步。灯光晃了一下，我想她是后退了一步。

“你真是不怕死啊，先生！”她说，“好吧，你在前面，我跟着你。你好像受伤了，如果不是这样——”

“你会杀了我。我刚才被人打晕了。”

“你可真幽默啊。”她有点儿悲痛地说。

我转过身，光线照在我前面的地上。我从她的车边走过，那是一辆很干净的普通车，反射着微弱的星光。我沿着那条弯曲的小路往上走，她紧紧跟在我后面，给我照着路。这里除了我们的脚步声和她的呼吸声之外，一切都那么的安静。

11

大约走到一半的时候，我在右手边看到了他的脚。她照着他全身，我看到了。我刚才应该能发现他的，可是我那时主要追逐车辙去了，而且我的手电筒是那么的小。

“给我手电筒。”我边伸手边说。

她把手电筒给我，什么都没有说。我单跪在那里，感觉到地面那冰冷的寒气已穿透衣服。

他躺在灌木丛里，脸已经被打得变了形，头发上沾满了黑色的血，金发和血液、泥土混合在一起。

她一言不发地站在我身后，喘着粗气。我又看了他的脸，已经被打得不成人样，手指已经僵硬了。他的外套一半被拧转到身体下面，应该是被翻了好几翻。他的腿交叉在一起，嘴角流着黑色的血。

“如果你能看得下去的话，帮我拿着手电照着他。”我说着把手电筒递给她。

她拿着手电筒，一言不发，沉稳得像个老杀手。我拿出我的小手电，试着在不动他的前提下，翻找他的口袋。

“你不应该动他。在警察来之前，你不要动他。”她紧张地说。

“按道理是这样，”我说，“巡逻警察在刑警来之前不能动他，刑警在法医检查前、没拍照前、没提取指纹前都不能动他。你知道这需要多少时间吗？好几个小时。”

“好吧，”她说，“我想你总是对的。你就是总是对的那种人。那个人一定是太恨他了，才把他打成这样。”

“我觉得不一定是因为恨，有的人就喜欢这样。”我咆哮着说。

我搜了他的口袋，裤子的一个口袋里有些硬币和钞票，另一个有一个钥匙扣和一把小刀；裤子后口袋里有个小皮夹，里面有钞票、保险卡、驾驶证和两张收据。在外套口袋里有一盒火柴、一支金笔和两块干净的手帕，还有那个精致的法国珐琅烟盒，那些香烟产自南美蒙得维的亚（Montevideo）。另一个外套内口袋里是另一个烟盒，这个我没有见过。烟盒的每一面都用刺绣绣着一条龙，框架是仿玳瑁的，而且很细，很难看得出来。烟盒里面是三根俄罗斯香烟，我拿起一支，感觉又老、又干、又软，烟嘴都空了。

“他抽那种烟，”我对她说，“这些一定是给女人准备的，他应该有很多女性朋友。”

她向前弯下腰，在我脖子上面说：“你跟他不熟?”

“我们今晚上是第一次见面，他雇我给他当保镖。”

“这保镖可不怎么样。”

我没说话。

“对不起，”她低声说，“我不知道真实情况，不应该这么说。这是神符吗？我能看一下吗？”

我把那个烟盒递给她。

“我认识一个抽这种烟的人，”她说。

“不要乱晃手电筒。”

她调整了一下，然后说：“对不起。”

她把那个烟盒递给我。我把它放回原处。这就是他身上所有的东西了，这说明他没有被洗劫一空。

我站起来掏出我的钱包，那一百元还在里面。

“大盗，”我说，“他们只抢大钱。”

手电筒照着地上，我将钱包和小手电筒放好。她正用一只手拿着手电筒和手枪，我冷不防地把她手里的手枪夺过来。她把手电筒扔到地上，但是手枪已经在我手里了。她急忙往后退，我接着捡起手电筒。我用手电筒照了照她的脸，看清模样之后，就关了手电筒。

“你不用这么激动，”她边说边把双手放进风衣口袋里，“我知道他不是你杀的。”

我喜欢她那冷静沉稳大胆的口气。我们在黑暗中面对面站着，谁都没说话。我慢慢适应了这黑暗，能看清灌木丛和天空了。

我又打开手电筒，照着她的脸上。她的脸那么漂亮，长得很匀称，眉清目秀，有一双大眼睛。

“你像爱尔兰人，红色的头发。”

“我叫雷奥丹（Riordan）。关掉手电筒。我的头发是褐色的，不是红色的。”

我关掉开关。“你叫什么？”

“安（Anne），千万别叫我安妮（Annie）。”

“你为什么来这里？”

“我晚上经常出来兜风，在家待着太无聊了。我是个孤儿，自己一个人住。我经常来这里，对这里再熟悉不过了。我开车经过这里，发现这里有亮光，但感觉今天有点儿冷应该不是谈恋爱的，而且谈恋爱也不会开灯的，对吧？”

“我谈恋爱肯定不会开着灯的。你胆子很大啊，雷奥丹小姐。”

“我有枪所以不害怕，再说我来这里又不犯法。”

“嗯，是不犯法，但是你也得保护好你自己吧。给你，不跟你斗嘴了，我想你应该有持枪许可证。”我把枪把对着她递过去。

她拿过去放到口袋里。“人都有好奇心，不是吗？我平时写专题文章。”

“有报酬吗？”

“一点点儿。你刚才在他口袋里找什么？”

“没什么，我就想看一看。我们拿着八千元来给一位女士赎一件被打劫的珠宝。我们又被打劫了。我知道他不喜欢动武，不知道他们为什么要杀他。他被袭击的时候，我在下面的平地上，当时他在上面的车里。我们本来要把车开下去，但是这里太窄了，车子过不去。所以我就一个人下去了。他们肯定是在我下去的时候，把他杀了。他们其中一个藏在车里，其他人藏在灌木丛里。我还以为马里奥特还在车里，就在那时我被打晕了。”

“看来你还没被打傻。”她说。

“我一开始就感觉这次哪里不大对劲儿，但是我手头太紧。现在我得低声下气地去找警察。你能把我送到蒙特马尔维斯塔吗？我的车在那里，他家也在那里。”

“没问题，不过是不是咱们得留下一个人在这儿。你开我车去报警还是我去?”

我在微弱的星光下看了一下时间，已经十二点了。

“不行。”

“为什么不行?”

“我也不知道，算是第六感吧，我自己来处理。”

她没有接我的话。我们走下山区，回到她的车上。她启动车，直到我们上了山穿过栅栏，又过了一条街，她才把车灯打开。

我的头还在疼。我们一直保持沉默，直到遇见第一个建筑物。她说：

“你需要压压惊。去我那儿喝一杯怎么样？你可以打电话报警。这附近没有警察局，只有个消防局，警察得从洛杉矶西边过来。”

“继续往前开，直接去维斯塔。我自己处理。”

“为什么不行？我不怕，我的经历可能能帮上你。”

“不用你帮忙，我想静一静，理理思路。”

“我——好吧。”她嘟囔着说。

我们转弯驶上沿海公路。然后走到沿海公路的加油站向北驶向蒙特马尔维斯塔。不一会儿，我们就到了那个咖啡店，里面还像豪华游轮一样灯火辉煌。她把车停在路边，我下了车，还没关车门。

我摸索出一张名片递给她。“有什么需要可以找我，除了脑力劳动。”

她拿着名片敲打着方向盘缓缓地说：“你可以在贝城的电话本上找到我的电话。我住在第二十五大街八百一十九号，欢迎有空来做客，算是对我给你添麻烦而表示一下感谢。估计你的脑袋挨了一棍现在还迷迷糊糊吧。”

她在路上掉了头，开走了。我目送着她，直到尾灯消失在夜幕中。

我穿过天桥，回到停在咖啡屋边上停车场的车上。在我正前方有个酒吧，这时我又打了个寒战，不过我现在应该去报警。二十分钟后，我开车到了洛杉矶西警察局。我颤颤抖抖地、昏昏沉沉地走进了警察局。

12

一个半小时后，马里奥特的尸体被移走了，现场也被清理了。在亮如白昼的洛杉矶（Los Angeles）西警察局局长办公室里，我们四个人待在那里，我已经把整个事情经过说了三四遍了。警察局里非常安静，除了一个被关在牢房里的酒鬼不停地哀号外，他在等待着市区法庭的传唤。

从玻璃里反射出一道白色的强光，照射在那边的桌子上，那上面放着从林赛·马里奥特的口袋里拿出来的东西。现在看起来，这些东西跟他的主人一样死了，无家可归了。坐在桌子正对面的是兰德尔（Randall），他来自洛杉矶市中心警察局。他差不多有五十岁，很瘦，有一头光滑的灰色头发，冰冷的眼神让人难以靠近。他戴着一条带着黑点的暗红色领带，那些黑点让我有点儿眼花。他后面是两个结实的家伙，像是保镖一样盯着我在那里踩来踩去。

我摸索出一根烟，点上它，并没有吸它，而是看着它自己燃烧。我感觉时间像是过了八十年一样漫长。

兰德尔冷冷地说："你说的这个故事有点儿扯淡。这个马里奥特已经跟他们交涉了好几天了，价钱都谈妥了，却在他们交易前的几个小时雇了个陌生人保镖陪他去交易。"

"确切地说不是保镖。"我说，"我没有跟他说我带着枪。我只是陪他去而已。"

"他是怎么找到你的?"

"刚开始他说是朋友介绍的，后来他说是从电话本上找到的。"

兰德尔从桌子上那堆物品中，抽出了一张不太干净的白色名片。他把它放在桌子上推过来。

"他有你的名片，你的工作名片。"

我瞥了一眼名片。在普锐斯玛峡谷的时候，我没有检查他的钱包，这张名片跟其他名片一块放在他钱包里。这就是我的名片，已经非常脏了，特别是对马里奥特这种爱干净的人来说，在名片一角有一块圆形的污点。

"是的。"我说，"很显然，我一有机会就往外发名片。"

"马里奥特让你带着赎金，"兰德尔说，"八千元。他不是一般地信任你。"

我深吸了口烟，朝天花板吹着烟雾。我被耀了一下眼，后脑勺又疼了。

"我没有拿那八千元。"我说，"真的。"

"不，你要是拿了那些钱，你就不来这里了，不是吗?"他冷笑着说，但看起来很假。

"我可以通过很多方式挣八千元，"我说，"但是如果我要杀这么容易上当的人，我顶多在他后脑勺敲两下。"

他微微点点头。他后面的一个刑警朝垃圾桶啐了一口痰。

“这个案件疑点之一是作案人员看起来非常业余，当然有可能故意显得非常业余。那些钱不是马里奥特的，对吧？”

“我不知道。我印象中不是，只是印象中。他没有告诉我那个被打劫的女人是谁。”

“我们仍然对马里奥特一无所知。”兰德尔缓缓地说，“我想至少有可能他想把那八千元占为己有。”

“啊？”我感到非常吃惊。我可能看起来也是很吃惊的样子。兰德尔却面如止水。

“你数那些钱了吗？”

“当然没有，他只是给了我一个信封，里面看起来有不少钱。他说那是八千元。他为什么要偷那些钱，在我来之前，那些钱本来就是他的啊。”

兰德尔看着角上的那个牢房，朝那边吹了一口气。他耸了耸肩。

“我们把时间再往前推一点儿，”他说，“傲慢的马里奥特和一个女士想要用一笔小数目的赎金赎回那条翡翠项链和其他珠宝，相对珠宝本身的价值来说，赎金确实是个小数目。马里奥特拿着这笔赎金，他本想自己去赎回，我们不知道劫匪有没有要求他一个人去。通常劫匪要求都非常挑剔。但是马里奥特很显然已经决定请你跟他一起去。你们两个都知道，你是跟一群有组织的劫匪进行交易，而且他们可能在交易的时候玩花样。马里奥特感到非常害怕，所以他想找个同伙，这是很正常的。你就是那个同伙，但是你对他来说是个彻头彻尾的陌生人。他只是不知道在什么聚会上，得到了你的名片，但是他跟你说是老朋友给他的。然后在最后时刻，马里奥特决定让你带着赎金，并且说了他在车里说的那些话。你说那是你的主意，但是很有可能他正等待着你这个提议；如果你不这样建议，他也会提出这个建议的。”

“刚开始他不想让我带着钱。”我说。

兰德尔又耸了耸肩。“他先假装不同意你的建议，但是最后他还是同意了。然后他接了一个电话就把你带到他描述的那个地方。这些信息都是出自马里奥特之口。你自己没有任何独立的信息来源。当你们到那里时，看起来是一个人都没有。你本想把车开到那片平地，但是因为车太大开不进去，事实上它开不进去是因为车正好刮着左边。所以你下车走到山下的平地，没看到人，也没听到动静，等了一会儿就返回车边，这时车上的人下来给你后脑勺一记闷棍。现在假设马里奥特想要私吞那笔钱并想让你来吃那一棍，他没有表演只是那么做了。”

“这是什么逻辑，”我说，“马里奥特打晕我，拿走钱，他先把钱藏在灌木丛里，然后他后悔了，就把自己脑浆打出来了。”

兰德尔呆呆地看着我。“他当然还有一个同伙。你们两个应该都被击晕了，那个帮凶因为钱跟他打了起来。那个帮凶出卖了马里奥特，把他杀了。他没有杀你是因为你不认识他。”

我钦佩地看着他，把烟屁股掐灭在一个木头烟灰缸里，本来里面应该有个玻璃内衬。

“根据我们现在知道的情况，这样比较符合常理。”兰德尔平静地说，“这是我们现在能想到的最合理的推断。”

“有一点不大符合常理——我是被车里的人击晕的，是吧？这让我怀疑是马里奥特把我击晕的——或者其他方式。然而当我看到他被杀了的时候，我就不会再怀疑他了。”

“你被击晕已经是最好的结果。”兰德尔说，“你没有告诉马里奥特你带着枪，但是他可能看到了你袖口里鼓出来的枪托或者怀疑你带着枪。在这种情况下，当你起疑心的时候，他就把你打晕了。因为你不会想到车后座上的人会给你一棍。”

“好吧，”我说，“你厉害。这真是很不错的推理，前提是假设这笔钱不是马里奥特的，他想占有这笔钱，并且还得有一个同伙。所以他计划当我们两个醒来时，发现都挨了一闷棍，钱被抢走了，我们互相说声对不起，然后我回家把这一切都忘了。这种结果如何？我是说他想要什么样的结果？这样的结果对他来说不是也很好吗？”

兰德尔有点冷漠地笑了，“我不这么认为，我只是试着查明真相。根据我现在知道的情况，这个最符合事实。”

“我们所知道的不足以支撑这个推理。”我说，“为什么不假设马里奥特说的是真的，但是正好他认出了那个劫匪呢？”

“你说你没有听到挣扎、喊叫？”

“没有。但是他可能是被迅速地抓住了喉咙，或者是当劫匪出现在他面前时，他吓得没喊出来。他们就藏在灌木丛中看到我走到山下。你知道我走了很远，得有一百英尺吧。他们从灌木丛里出来发现马里奥特待在车里，有人用枪指着他让他快点出来。这时他被吓着了，他可能说了什么或者是脸上流露出什么来，让劫匪以为他认得他们。”

“在黑夜里？”

“是的，”我说，“如果对某个声音有印象，我们在黑夜中也可以辨认出来。”

兰德尔摇摇头，“如果他们是有组织的劫匪，除非他们被激怒，否则他们是不会杀人的。”他突然停下了，眼睛里泛着光芒，好像想到了什么。他慢慢地闭上嘴唇，闭得很紧，说明他有新想法。“抢劫。”他说。

我点点头。“我想很有这个可能。”

“还有一个事情，”他说，“你怎么来这里的?”

“我开着自己的车。”

“你的车在哪里?”

“停在蒙特马尔维斯塔路边咖啡店的停车场里。”

他非常深沉地看着我。他后面的那两个刑警猜疑地看着我。那个酒鬼在牢房里想唱山歌，但是他嗓音嘶哑，有点儿气馁，哭了起来。

“我走回公路，”我说，“我招停了一辆车。那是一个女孩开着的车，她把我带到停车场。”

“一个女孩?”兰德尔说，“她一个人那么晚在荒郊野岭的路上，居然还停下车来。”

“是的，总是有好人的。我不认识她，不过她很漂亮。”我看着他们，知道他们不会相信我，他们还在想为什么我要撒谎。

“是辆小车，一辆雪佛兰（Chevvy）跑车。我没有记她的车牌号。”我说。

“哈，他没记下车牌号。”一个刑警说着，又向垃圾桶啐了一口痰。

兰德尔往前倾俯在桌子上端详着我，“如果你在这个案子里有任何隐瞒，这会让你名誉扫地的。哦，对了，马罗。我不喜欢你的推理，我会给你一晚上的时间去想明白。明天，我再来录你的口供。同时，我给你个小忠告，这是谋杀案，是我们警察的事，就算你能帮上忙，我们也不需要你的帮忙。我们只想从你嘴里知道事情的真相。明白吗?”

“没问题。我现在可以回家了吗？我感到很不舒服。”

“你可以走了。”他冷冰冰地看着我。

我在一片死寂中站起来走向门口。我刚起身走了四步，兰德尔清了清嗓子，漫不经心地说：

“对了，还有一点，你注意到马里奥特抽的是哪种烟吗?”

我转过身。“知道，装在法国珐琅烟盒里的南美褐色香烟。”

他向前倾着身子从桌子上那堆物品中抽出那个绣着刺绣的盒子，并把它拉到他跟前。

“你见过这个吗?”

“当然，我正在看着它。”

“我是说在这之前。”

“我想我见过，”我说，“好像在某个地方。问这个做什么?”

“你没有搜过他的尸体吗?”

“好吧，”我说，“是的，我搜过他的口袋，所以我见过它。对不起，是职业病，只是好奇。我没有弄乱任何东西，毕竟他是我的客户。”

兰德尔拿起那个刺绣烟盒，双手打开它。他坐在那里看了看，里面是空的，那三根烟不见了。

我使劲地咬着牙，好让我的脸看起来很疲惫，真不容易。

“你有没有看见他从这里边拿烟抽?”

“没有。”

兰德尔冷冷地点点头。“你都看到了，这里面是空的。它跟其他东西一样都在口袋里，不过它里面还有点粉末。我会拿到显微镜下检查的，还不确定是不是大麻。”

我说：“如果他有的话，我想他可能是今晚抽了几根，可能他需要提神。”

兰德尔小心地合上它，把它推到一边。

“好了，”他说，“洁身自爱。”

我出去了。

外面的雾散去了，天上明亮的星星就像人造的一样镶嵌在黑色的夜空中。我开得很快，非常需要喝几杯，但是酒吧关门了。

13

我起床的时候已经上午九点了，喝了三杯黑咖啡，用凉水洗了头，还读了两份已经送到家门口的早报。在报纸的第二个版面上，努尔缇登了一点儿驼鹿马洛依的信息，但没有提到他自己的名字。早报上没有林赛·马里奥特的信息，除非在社会版上。

我穿上衣服，吃了两个鸡蛋，又喝了一杯咖啡。我在镜子里照了一下，发现有点儿黑眼圈。我刚打开门要出门，这时电话响了。

那是努尔缇，听起来他不大好。

“马罗？”

“嗯，你抓到他了？”

“是的，我们抓住他了。”他缓和了一下又大声地说了起来，“跟我想的一样，在文图拉抓住了他。伙计，真不跟你开玩笑，六尺六高，跟橡胶坝似的。他一边开着七十迈的车，一边喝着酒，而且在他租来的车上还放着五瓶烈酒，要赶去弗里斯科。我们只有两个带着枪和警棍的民警去捉拿他。”

他停顿了一下。我脑子里瞬间闪出几段诙谐词，但都不适合现在说。努尔缇继续说：

“在警察累得不行要睡着的时候，他把车停在警察边，开始捉弄警察。他把警察的无线电扔到河里，然后又开了一瓶酒，喝着喝着就睡着了。不一会儿，警察醒了，给他戴上手铐，用警棍打了近十分钟才把他弄醒。当他想反抗时已经晚了。这次抓他简直易如反掌，我们已经把他关在牢房里。他犯了醉驾、驾驶时饮酒、两次袭警、蓄意破坏公用设施、越狱、蓄意闹事、扰乱社会治安、违规停车，这么多项罪名。好笑吧?”

“玩笑开大了吧?”我问道，“你告诉我这些就是为了炫耀?”

“这不是他，”努尔缇说，“他叫斯图亚诺夫斯基（Stoyanoffsky），住在赫米特（Hemet），在圣杰克（San Jack）隧道上班，有妻子和四个孩子。你有马洛依的新情况吗?”

“没有，我头疼。”

“如果你什么时候有时间的话……”

“没有，”我说，“谢谢，什么时候审问他?”

努尔缇讥笑着说了句“问这干什么”就把电话挂了。

我开车到好莱坞大道（Hollywood Boulevard），把车停在停车场里。我打开小接待室的门，这扇门通常不锁，专门为我在接待客户时又有新的客户到来时而准备的。

安·雷奥丹小姐收起正在看的杂志冲我微笑。

她高领毛衣外面穿着一件烟棕色的外套。在阳光下，她的头发是纯赤褐色的。她戴着一顶上面非常小、下沿非常大的帽子。她帽子的一边触着肩膀，帽子差不多成四十五度角，这样看起来很漂亮。

她大约有二十八岁，额头有点儿窄，比想象中有点儿高。她鼻子有点儿小，上嘴唇比下嘴唇长了点儿，整个嘴又有点儿宽。她的眼睛是蓝灰色的，眼球是金色的。她笑起来很美，昨晚上应该睡得很不错。这么漂亮的脸蛋，非常讨人喜欢。

“我不知道你几点上班，只好在这里等。我也没发现你的秘书来上班。”她说。

“我还没有秘书。”我一边开办公室门，一边说。

我把门外面的门铃打开，说：“进来吧，这是我的私人冥想屋。”

她走到我的前面，传来干檀香的香味。她站在那里看着那五个绿色的档案盒、破旧的铁锈红地毯、一层灰的办公桌椅和脏兮兮的纱窗。

“我觉得你需要有人帮你接电话，把窗帘送去洗衣店。”她说。

“等到圣斯威逊节①（St. Swithin's Day）的时候再拿去洗吧。随便坐，我有点儿懒，也不拘小节，也需要攒钱。”

“嗯。”她说着把皮包放在铺着玻璃的办公桌上。她倚在椅子上，拿起我办公桌上的香烟。我帮她点上。

她吸了一口烟，吐出一口烟对着我笑。她的牙很漂亮。

“没想到这么快就再次见面吧，你的头还疼吗?”

“还是不舒服。我真没想到。”

---

① 圣斯威逊节，英国的一个节日，每年 7 月 15 日那一天，人们会谈论当天天气，为什么要谈论天气呢？这是由来于英国伊丽莎白时代的一种传统说法，说看圣斯威逊那天的天气如何，那么以后 40 天这种天气将会持续不变。——译者注

“警察没为难你吧?”

“就是他们那一套。”

“我没添什么乱吧?”

“没有。”

“我觉得你见到我还不是很高兴。”

我装满烟斗，然后她赞赏地看着我点上烟斗。

“我不想让你有麻烦，”我说，“我也不知道为什么。不管怎么样，现在已经不关我什么事了。我昨天晚上忍了一晚上，警察还警告我不要多管闲事。”

“你不让我管这个事，是因为你觉得警察不会相信我半夜三更开车闲逛时因为好奇心作怪去那里。警察会怀疑我有犯罪动机，把我屈打成招。”

“你是怎么知道的?”

“警察也是人。”她没有正面回答。

“他们开始慢慢变得不是了，我听说。”

“哇，你今天早上怎么这么大火气。”她用随意而又有目的性的眼光环顾办公室，“你生意很好吗？我是说财务，就是你用这样的办公设施能赚很多钱吗?”

“哼。”

“或许我不该多问，不应该问这么无礼的问题。”

“你想试试吗?”

“我们互相适应吧。你为什么要替我隐瞒昨晚上的事情?因为我的红发和身材吗?”

我没有说话。

“我们换个话题。”她爽朗地说，“那条翡翠项链的主人是谁，你想知道吗?”

我自己都感觉到脸紧张起来。我感觉有什么不对的地方，想了半天就是没想起来，突然我明白了。我从未跟她提过翡翠项链啊。

我拿过火柴重新点上烟斗，说：“不是很感兴趣。为什么突然问这个？”

“因为，我知道。”

“啊！”

“当你很健谈的时候，你会扭到脚趾吗？”

“你今天来就是为了告诉我这个，继续说。”

我感觉她蓝色的眼睛有点儿湿润。她盯着办公桌，咬着嘴唇。过了一会儿，她耸耸肩，不再咬嘴唇，对着我笑了。

“我知道我喜欢刨根问底，有点儿让人讨厌。但是没办法，这都是我爸爸遗传给我的。我爸爸当过警察，他叫克里夫·雷奥丹（Cliff Riordan）。他在贝城干了七年警察局长。”

“我记得，他现在怎么样了？”

“他被开除了，这让他很伤心。因为一个叫莱尔德·布鲁内特（Laird Brunette）的人带领着一群赌徒选了他们的人当市长，所以他们把我爸爸调到记录鉴证科，那是贝城的一个小得不能再小的部门。然后我爸爸就辞职不干了，两年后去世了，妈妈不久后也去世了。所以我独自一人已经两年了。”

“对不起。”我说。

她碾灭烟，烟蒂上竟然没有沾上唇膏。“我来找你只有一个原因，就是我跟警察比较容易相处。我昨晚就应该告诉你。所以今天一早我就查明谁负责这个案件，然后就去找他了。他一开始确实对你不满意。”

“没关系。”我说，“我一五一十地把事情经过都告诉他了，但是他还是不相信我。他只会对我唠唠叨叨。”

她看起来有点儿伤心。我起身打开窗户，大街嘈杂的声音一拥而入，让人感觉有点儿恶心。我从那个深抽屉里拿出酒来，给我自己倒了一杯。

雷奥丹小姐对我刚才的举动有点儿不满，但她没有说话。我喝了那杯酒又把酒瓶放到抽屉里，然后坐下了。

“你就不请我喝一杯?”她的声音有点儿冷淡。

“不好意思，现在还不到十一点，我以为你中午以前不喝酒。”

她眯着眼睛说：“你是在恭维我吗?”

“我的本意是。”

她在想这句对她没有任何意义的话。然而我突然觉得这句话对我也没有任何意义。不过，自从喝了那杯酒，我觉得好多了。

她向前倾了一下身子，并把放在桌子上的戴着手套的手滑回到身前。“你不想聘个助理吗？哪怕只需要你说点好话就可以聘到。”

“不要。”

她点点头。“果然如我所料，你不需要助理。我应该直接告诉你我知道的情报，然后回家。”

我没搭话，点上烟斗，这样使得我看起来是在思考。

她说：“首先，那条翡翠项链应该很有名，有可能来自博物馆。”

我手中还拿着那支快烧到手指的火柴。我吹灭火柴，把它扔到烟灰缸里，说：“我从来没有跟你提过翡翠项链。”

“你是没跟我说过。不过兰德尔告诉我了。”

“该把他的嘴缝起来。”

“他跟我爸爸很熟。我向他保证不会跟别人说的。”

“但是，你正在跟我说。”

“你本来就知道啊。”

她想要拿起手来捂嘴，但是手刚动了一半又慢慢放回去了，还睁大了眼睛。

“你是知道的，对吧？”她小声说。

“我以为是钻石的，有一个手镯、一副耳钉、一根项链、三个戒指，其中有一个镶了宝石。”

“不好玩，”她说，“是非常稀有的翡翠玉石，一共有六十颗六克拉的雕刻精美的翡翠，价值八万。”

她接着说：“你褐色眼睛很漂亮，但是你自以为自己很强势。”

“好吧，它是谁的？你怎么查到的？”

“我很简单就查到了。我想这么稀有的项链，市里的大珠宝商应该知道一些情况。所以我去布洛克（Block）的经理那里了解情况。我跟他说我是记者，正在写一篇关于稀有玉石的文章——你知道这是钓鱼。”

“所以他就因为你的红发和魔鬼身材相信你了。”

她脸红了，说，“不管怎么说，他跟我说了。她非常有钱，叫莱文·洛克里奇·格雷（Lewin Lockridge Grayle），住在贝城一个峡谷的庄园里。她丈夫是个大富豪，资产有二千万，好像是个银行投资家。他以前在比弗利山庄（Beverly Hills）还有一个叫 KFDK 的电台，格雷夫人在那里工作过。她是个迷人的金发女郎，他五年前娶了她。格雷已经非常老了，又有病在身，整天待在家里吃药，格雷夫人就出去找乐子。”

“布洛克的经理知道得还不少。”我说。

“我只是从他那里了解到项链的事情，其他的是吉迪·格蒂·阿波加斯特（Giddy Gertie Arbogast）告诉我的。”

我又从抽屉里拿出那瓶酒。

“你要变成他们那种酗酒侦探吗？”她有点儿忧虑地说。

“怎么不可以呢？他们总是能破案，而且不费吹灰之力。”

“吉迪·格蒂是《新闻纪事报》社会版的编辑。我很多年前就认识他，他差不多二百斤重，留着希特勒胡子。他找到了一些格雷的相关档案，你看。”

她从包里拿出一张五乘三的照片放到桌子上。那照片上是一个金发女郎，简直太美了。她差不多有三十岁，穿着黑白相间的休闲衣服，戴着一顶跟衣服搭配得非常完美的帽子。她有点儿高傲，但不傲慢。她就是那种你想要有多美，就有多美的女人。

我快速倒了一杯酒，一口喝下去。

“拿走，我要生气了啊。”

“为什么？我是特意给你找的，你不想见她吗？”

我又看了一眼照片，把它放到笔记本下面。

“今晚十一点怎么样？”

“马罗先生，我不是在跟你插科打诨。我已经给她打过电话了，她同意跟你见面，当然只谈公事。”

“都是从谈公事开始的。”

她已经不耐烦了，所以我不再愚弄她。

“她见我干什么？”

“当然是因为她的翡翠项链。事情是这样的，我给她打电话了，当然经历了很多周折，不过还是跟她通上话了。我又像对布洛克的经理一样哄骗她，但是她不吃这一套。从她的声音中听出她好像是昨晚喝醉了，她说让我跟她助理谈。但是我接着问她是不是有条翡翠项链，她就没挂我电话。过了一会儿，她说她有。我问她，‘可以给我看看开开眼吗？’她说，‘为什么?’我又说了那一套，但是还是没有效果。我听见她打哈欠，并且大声责怪他们不该接我的电话。我接着说我是菲利普·马罗的助理。她说，‘那又如何?’这是她的原话。”

“难以置信，不过现在的贵妇人说话都像荡妇。”

“不知道，”雷奥丹小姐惬意地说，“也许她们有些就是荡妇。然后我问她有没有直线电话，她说这跟我没关系，不过她没挂我电话。”

“她正在想那个项链的事，也不知道你到底要干什么，而且兰德尔可能已经找过她了。”

雷奥丹摇摇头，说：“没有，我跟她通完话后，联系兰德尔了。如果我不告诉他，他都不知道项链是谁的。当他知道我查到了的时候，非常惊讶。”

“他会利用你，”我说，“他可能需要利用你。然后呢?”

“然后我跟格雷夫人说，‘你还是想把它找回来吧?’我就直接这么问的，要不然我也想不到其他问法，必须说点儿能刺激她的。果然奏效，她很快就给了我另一个电话号码。我接着就给她打直线电话，然后告诉她我想跟她见个面。她非常吃惊，所以我把整个事情的原委告诉她。她不是很喜欢听，但是她原本就很奇怪马里奥特为什么没有联系她。我想她可能以为马里奥特携款逃到南边去了，所以我跟她约在今天下午两点见面。接着我告诉她你是多么厉害、多么持重。如果有机会的话，你是帮忙找回翡翠项链的不二人选。说到这里时，她就已经很感兴趣了。”

我只是盯着她，什么都没说。她看起来有点儿伤心。

“怎么了? 我这么做，对吗?”

“你能不能动动脑子，警察已经立案了，而且我已经被警察警告一次了，不要多管闲事。”

“只要格雷夫人愿意，她完全有权利雇用你。”

“雇用我干什么？”

她拉开包又拉上包，显然已经不耐烦了。

“唉，我的天。这样的女人，这种长相，你看不——”

她停顿一下，咬了一下嘴唇说：“马里奥特是什么人？”

“我不大了解他。我不喜欢他，觉得他有点儿娘。”

“他是那种能迷倒女人的人吗？”

“有的女人会，有的不会。”

“嗯，不过格雷夫人好像很欣赏他。她跟他约会。”

“她不知道跟多少男人鬼混过。现在很难找到项链了。”

“为什么？”

我起身走到墙边，用手掌使劲拍了一下墙。隔壁啪嗒啪嗒的打字机停了，一会儿又开始了。我透过开着的窗户看着我的办公楼和曼森豪斯酒店之间的过道。咖啡店的香味太浓了，都传到办公室里。我回到办公桌边，把威士忌放回抽屉，关上后又坐下来。我又点上烟斗，这已经是今天早上第八次或是第九次了。我透过那个脏兮兮的杯子仔细地看着她那认真诚实的小脸。

你应该会非常喜欢这张脸。这种迷人的金发美女有很多，但是这个很耐看。我对着那张脸笑了。

“听着，安，他们杀了马里奥特显然是个错误，那帮劫匪从来没想要杀他。他们把他杀了，应该是他们中有吸毒的人，并且失去理智。马里奥特做了不合适的举动，有个人把他打倒在地，因为太突然了他们没能及时阻止。这帮有组织的劫匪知道珠宝和戴珠宝女人的行程，他们只是要合理的赎金，应该不会要花样。但是现在已经变成了一桩凶杀案，这样不符合常理。我认为那个杀了马里奥特的人也已经被抛尸大海了。并且那些珠宝要么跟他石沉大海，要么他们已经知道这是稀世珍宝，把它藏在某个地方，等到风声过了之后再拿出来。或者，如果他们势力足够大，它早已经被卖到世界另一边了。如果他们知道项链的真正价值，他们只要八千元赎金，确实太少。不过正是因为它的价值，所以很难出手。我很确定他们从没想要杀人。”

安嘴唇微启，正出神地听我说话。

她慢慢地闭上嘴唇，认真地点点头。

“你太厉害了，”她轻轻地说，“但是你是个不折不扣的疯子。”

她拿着包站起来，“你去见她？还是不去？”

“兰德尔也不能阻止我——如果她需要我的话。”

“好。我再去见一个社团编辑，尽我所能地再多弄点格雷的情况，比如她的爱情生活，她应该有爱情吧？”

她的表情充满了期待。

“谁没有呢？”我冷笑道。

“我就从未有过，至少没有真正有过。”

我用手捂住嘴。她瞪了我一眼，往门口走去。

“你忘了一件事。”我说。

她停下来，转过身。“什么？”她看了看办公桌。

“你知道是什么。”

她回到办公桌边，探过身子来说：“如果他们的目的不是杀人的话，为什么把马里奥特杀了？”

“因为他们是那种被抓住后不给他们毒品，他们就招供的那种人。我的意思是说他们不会杀交易人。”

“为什么你这么确定那个杀手吸毒？”

“我不确定，只是说说。而且他们大多数都吸毒。”

“哦，”她直起腰，点点头，笑着说，“我知道了。”她说着从包里拿出一个小纸包放到桌上。

我把纸包拿过来，解开橡皮筋，打开纸包，里面是三根带着烟嘴纸的俄罗斯香烟。我静静地看着她。

“我知道我不应该拿走它。”她着急地说，“因为我知道这是毒品。最近我在贝城见过几次这样的外包装，以前都是简装的。我想他太可怜了，都死了还被人发现口袋里有大麻。”

“那你应该把烟盒也拿走，里面还有烟碎末。那个空烟盒已经引起了警察的猜疑。”

“我不敢——当时你在那里。我——我差点儿回去拿，但是还是没有鼓起勇气。它连累你了吗？”

我撒谎说：“没有。它能连累我什么？”

“没有就好。”她高兴地说。

“为什么你不扔掉它们？”

她想了想，把包拿到身边。她那顶大帽子有点儿倾斜，都遮住了她的一只眼睛。

“我觉得一定是因为我是警察的女儿。”她说。

“你不会扔掉证据的。”

她微微一笑，还有点儿心虚，脸都红了。我耸耸肩。

“好吧——”声音还悬在空中，就像半悬在屋里的烟一样。她还张着嘴巴，我没有接她的话。她的脸更红了。

“非常抱歉，我不该那么做。”

她快步走出去。

14

我用手拨弄着那些长长的俄罗斯香烟中的一根，然后把它们肩并肩整齐地排成一列，还一边弄得椅子吱吱叫。你不会扔掉任何证据的，它们就是证据。什么的证据？那是一个人吸食大麻的证据，是一个人只要接触外面的世界就会上瘾的证据。再说，很多地痞流氓吸食大麻，当然很多乐队乐手和高校学生、漂亮的女孩等也会自暴自弃去尝试吸食。美国大麻，可能在任何地方都有种植的。不过现在美国境内种植是非法的，这就意味着世界上其他像美国一样大的国家也有很多人在种植大麻。

我坐在办公室里抽着烟斗，听着隔壁房间打字机的啪嗒啪嗒声和好莱坞大街上交通灯的梆梆声，还有弹簧在沙沙作响，就像一个沿着混凝土人行道被风刮着跑的纸袋。

它们是一种比较大的香烟，不过很多俄罗斯香烟都这样大，况且大麻是粗叶子的。印度大麻，美国大麻，证据，上帝，那个女人戴着什么帽子来着……我的头好疼，疯子！

我拿出一把小折刀，打开锋利的小刀片，这当然不是我用来清理烟斗的那把。我要做一件法医做的事。首先我得用小刀把香烟从中间位置划开，再用显微镜观察检查过滤嘴里面的填充物。我说不定能从里面发现什么意想不到的东西。不过好像不太可能，但是他已经付了一个月的薪水了。

我把一支香烟从中间划开，不过过滤嘴部分太难切了。好吧，我是个坚强的人，不管如何我要把它切开，看看你能阻止我吗?

过滤嘴外面光滑的部分卷着一张薄的硬纸片，而且硬纸片上还印了字。我坐直，抓着它们，在桌子上试着把它们拖出来，但是没有成功。我又拿了另一支香烟，瞅瞅过滤嘴里面，然后换种方式用小折刀的刀刃。我捏着烟丝和过滤嘴接触的地方，尽管还是很薄，但是可以感觉到底下的粉末了。我小心翼翼地把过滤嘴割下来，然后还得更小心地从纵向把过滤嘴割开。过滤嘴终于打开了，里面又有一张卡，卷曲着，但这次没有割到它。

我轻轻地展开它，它是一张某个人的名片，看起来像牙薄片，白色的。名片上刻着精致的阴影字。在左下角是斯蒂尔伍德·海斯（Stillwood Heights）的电话号码，右下角是一行字，“只接受预约。”在中间的字稍微大点儿，写着“朱尔斯·埃莫森（Jules Amthor)”，再下边是更小一点儿的字，“心理咨询师”。

我拿过第三支香烟。虽然我这一次也遇到了很多困难，但是没有动刀就把名片取出来了。这张名片上的内容跟上一张一模一样，我把名片又放回香烟里。

我习惯性地看了看表，把烟斗放到烟灰缸里，但是我必须再看一次表才知道现在是几点。我把那两支弄断的香烟和那张被割坏的名片用纸包好，把另外一支里面带着名片的香烟用另一张纸卷起来。我把这两个纸卷锁到抽屉里。

我坐在椅子上盯着那张名片看。“朱尔斯·埃莫森”，“心理咨询师”，“只接受预约”，“斯蒂尔伍德·海斯的电话号码”，但是没有地址。三支大麻烟里卷着三张名片，还装在中国或是日本的丝绸香烟盒里。这种盒子在像鸿福兴（Hooey Phooey Sing），龙兴塘（Long Sing Tung）或者任何一个东方商店花三十五到七十五分就能买一个，而且当你说阿拉伯的月亮（Moon of Arabia）香味闻起来像是弗里斯科·赛迪（Frisco Sadie）店里的女孩时，商店里矫揉造作的日本人会向你嘘一声，哈哈大笑。

这香烟在一个死去的男人口袋里，但是他有比这个贵很多的香烟盒，而且他吸过那里边的烟。

他肯定没有感觉到它在口袋里，就忘了拿出来。也许这盒烟并不是他的；也许他从酒店大厅里拿的。不要想他身上有这盒香烟，不要把它掺和进来。朱尔斯·埃莫森，心理咨询师……

这时电话响了，我心不在焉地接了电话。一听那个又冷又硬的声音，我就知道他是个警察。电话是兰德尔打来的，他没有吼叫，但还是冷冰冰的。

“你还说你不知道昨晚上的那个女孩是谁？你从案发现场走到大道上，她在公路顺道捎着你。撒谎撒得真漂亮啊，马罗。”

“或许你也有女儿，你也不想有报纸记者从灌木丛里跳出来闪光灯嘭嘭地对着她拍照吧。”

“你骗了我。”

“我很荣幸。”

他沉默了一会儿，好像在决定什么。“撒谎这个事就算过去了，”他说，“我见过她了，她来我这里跟我说了她的经历。碰巧她是我认识并且非常敬佩的人的女儿。”

“她告诉你了，”我说，“而且你也告诉她了。”

“我就跟她说了一点，因为一个原因。”他冷冷地说，“我给你打这个电话也是这个原因。因为这次调查已经变成秘密调查。我们现在有个机会把珠宝劫匪端掉，而且我们正在进行。”

“哦，今天早上就变成劫匪谋杀了。好吧。”

“顺便告诉你，那个烟盒里面有大麻的粉末——那个上面刺着龙的。你确定你没有看到他吸这种烟？”

“非常确定。我跟他在一起的时候，他只抽另一盒烟。但是我不是时刻跟他在一起。”

“我知道。好吧，就这样吧。别忘了我昨天晚上告诉你的事，不要再打这个案子的主意。我们只要你做一件事，就是闭嘴。否则——”

他停顿了一下。我打了个哈欠。

“我听见了，”他猛地说，“也许你以为我不适合指证。只要有错误的举动，你会被作为重要证人关起来。”

“你的意思是报纸上还没有报道这个案子？”

“他们会抓住凶手，但是他们不知道背后还隐藏着什么。”

“你也不知道吧。”我说。

“我已经警告你两次了，”他说，“这是第三次。”

“你已经对一个守口如瓶的人说了太多了。”我说。

我挂上电话。好吧，让他见鬼去吧，让他去查去吧。

我在办公室里走来走去，试图冷静下来。然后我又喝了点儿酒，又习惯性地看了一眼表，但是还是没看清是几点，最后又坐了下来。

朱尔斯·埃莫森，心理咨询师，只接受预约。只要给他足够的时间、足够的金钱，他可以治愈任何东西，从一个厌倦的丈夫到蝗虫灾害。他可能还是个失败爱情问题专家，不想独守空房的女人，离家出走的男孩女孩，现在卖掉财产还是再持有几年？这样会伤害我还是让我看起来更有才华？男人可能会偷偷地去见他，又大又壮的家伙可能在他们的办公室附近像狮子一样吼叫，他们的口袋里全是现金。但是大部分客户应该是女人，气喘吁吁的胖女人和激动兴奋的瘦女人、痴心妄想的老女人、有厄勒克特拉情结[①]（Electra complexes）的年轻女人，各种各样的女人，但是她们有一样共同的东西——钱；县医院安排的朱尔斯·埃莫森先生坐诊时间没有周四，富婆们可能正在给他送钱呢。

一个假艺术家，一个喧闹的散布者，一个死人身上大麻里卷着他的名片的青年。

我拿起电话，让接线员接斯蒂尔伍德海斯的号码。

---

① 厄勒克特拉情结，指女孩亲父反母的复合情绪。——译者注

15

电话里传来一个又干又深沉又沙哑的陌生女人的声音。

“喂。”

“我可以跟埃莫森先生通话吗?”

“很遗憾，不行。非常抱歉，埃莫森先生从来不在电话上谈。我是他的秘书，需要我帮你带话吗?”

“你们的地址是？我想拜见他。”

“呃，你想看埃莫森专科？这是他的荣幸，但是他非常非常的忙。你想什么时候看呢?”

“现在，今天什么时候都行。”

“啊，”她抱歉地说，“这不行。你可能得下周来了，我得看看预约情况。”

“还要看？不要管预约了。你有铅笔吗?”

“但是……我当然有铅笔。我——”

“记一下，我叫菲利普·马罗，地址是好莱坞大道六百一十五号卡汉加（Cahuenga）大楼，靠近伊瓦尔（Ivar）。我的电话是格伦维尤（Glenview）7537。”我把难写的单词拼读了一遍，然后等待着那边的回答。

“好的，马罗先生，我记下了。”

“我想看埃莫森先生是因为一个叫马里奥特的人。”我也把马里奥特的名字拼读了一遍。“这个事情非常急，人命关天。我想立刻就要见他。立！刻！换句话说就是‘马上’！清楚了吗?”

“你说话非常怪。”那个陌生的声音说。

“没有啊。”我拿着电话晃了晃，“我感觉很好啊，我总是这么说话。这是一个非常怪异的事情。埃莫森先生肯定会想见我的，我是个私人侦探，但是在我拜见他之前我不会去报警的。”

“呃，”那个声音冷得像自助餐的饭食，“你是警察，哦，不是。”

“听好，”我说，“我不是警察，我是私人侦探。但是这次非常紧急。你打给我，好吧？你有我的电话号码，对吧?”

“先生，我有电话号码。马罗先生——他病了。”

“嗯，他还下不了床呢。”我说，“你认识他吗?”

“当然不认识。你说人命关天。埃莫森先生救了很多人——”

“这次成败就看他了。”我说，“我在这里等电话。”

我挂断电话，拿起那瓶酒。我感觉自己已经成了一个彻头彻尾的绞肉机。十分钟后电话响了，那边说：

“埃莫森先生会在六点钟见你。”

“很好。地址是?”

“他会给你派辆车。”

“我自己有车，告诉我地址就好。”

“他会派车去接你的。”那声音冷冷地说，接着就咔嚓把电话挂了。

我又看了一眼手表，已经过了吃午饭的点了。上杯酒还在我的胃里沸腾着，没有感到一丁点饿。我点了支香烟，这味道像是水管工人的手帕。我对着伦布兰特先生[①]点点头，拿上帽子，出门了。我在走向电梯的半道上，脑子里突然灵光一闪。这个念头的出现没有任何原因和意识，就像是突然掉下来的砖头一样。我停下脚步，倚在走廊的大理石墙上，用手把戴在头上的帽子转了一圈，突然大笑。

这时正好有个女孩经过我身边，她正在从电梯回办公室的路上，给我那种表情。我向她挥手示意，然后回到办公室。我拿起电话，给我认识的一个人打电话，他在一个叫劳特·波克斯（Lot Books）的产权公司工作。

“只通过地址，你能查房产信息吗?”我问他。

“当然可以。我们有产权交叉索引，你要查哪里?”

“西五十四街一千六百四十四号，我想了解点情况。”

“我过会儿打给你。你电话号码是?”

他大约过了三分钟给我打过电话来。

“拿出你的铅笔，”他说，“它在梅普尔伍德（Maplewood）四号（Tract Number 4）卡拉迪斯的增建部分（Caraday's Addition）的十一街区（Block 11）八幢（Lot 8）。这里记录的房子主人是杰西·皮尔斯·弗罗里安（Jessie Pierce Florian），寡妇。”

“嗯，还有呢?”

---

① 此处指日历上伦布兰特的自画像。——译者注

“第二就是半税，两个十年街道改善契约，一个十年下水道评估契约，没有不良记录，第一信用契约是两千六百元。”

“你的意思是他们可以十分钟把这种信息卖给你?”

“也不是那么快，但是比抵押快多了。除了总额外这里面没有什么不正常的，这个价格有点儿高，除非是新房子。”

“它是个非常老的房子，而且多年失修。”我说，“我要是买那地方也就出一千五百元。”

“嗯，这确实是不正常，因为再供资金是四年前做的。”

“嗯，谁控制着它？投资公司吗?”

“不是，是个人。一个叫林赛·马里奥特的人，单身汉。怎么样?”

我忘了我又跟他说了什么或者是怎么感谢他的，反正就是嘟囔着说了几句吧。我盯着墙，呆坐在那里。

胃的知觉突然恢复了，我感觉到饿了。我下楼去曼森豪斯咖啡店（Mansion House Coffee Shop）吃午饭。之后，我开出停在我办公楼边上停车场的车。

我开着车朝东南方的西五十四大街驶去。我这次什么酒都没有带。

16

这里还跟几天前一样，没有什么变化。路上空空的，除了一辆冰激凌车，两辆行驶中的福特（Fords）和拐角处汽车开过后飘起的灰尘。我慢慢地开过一千六百四十四号，把车停在比上次更远一点的地方，仔细观察着我两边的房子。我走回来，站在那个房子面前，看着那棵棕榈树和那些没有浇水的黄褐色的草坪。房子里好像没人，不过也可能有，只是看起来像没人。那个孤零零的摇椅还在门廊前面，日复一日地放在那里。在人行道上有一张废纸，我捡起来，放在腿上拍了拍。这时我看见隔壁邻居离我最近的窗帘在动。

又是那个老鼻子。我打了个哈欠，把帽子往下拉了拉，那个长鼻子贴在窗户里面的玻璃上，都快压平了。她一头白发，眼睛盯在我刚才站着的地方。我沿着人行道溜达，那双眼睛一直看着我。我转身就进了她家的院子，爬上木质阶梯，开始按门铃。

门像是按在弹簧上一样，嘭地开了。她是个个子很高的老妇人，有着兔子一样的下巴。从这么近的距离看她的眼睛像静水上的光一样锐利。我脱掉了帽子。

“你就是那个为弗罗里安夫人报警的太太?”

她冷静地看着我，不想漏掉我的任何特征，可能连我肩胛骨上的痣都不放过。

“我没有说我是，年轻人，而且我也没有说我不是。你是谁?”她用很高的鼻音说。

“我是一名侦探。”

“哦，天哪，你为什么那样说?她现在在做什么?我什么都没看见，也什么都没错过。亨利（Henry）已经把所有需要储备的都为我储备好了。那里没有任何动静。”

她把纱门打开，把我拉进去。门厅里充满了家具油漆的味道，有一些过时的陈旧家具，角落里放着贝壳。我们走进客厅，里面所有能用棉布罩起来的全罩着。

“告诉我，我以前没有看到过你?”她突然问，她的声音里充满了怀疑。“我非常确定我看到过你。你就是那个男人——”

“没错。我还是侦探。亨利是谁?”

“哦，他只是个听我使唤的黑人小男孩。年轻人，你想要什么?”她穿着一件红白相间的围裙，并用那炯炯的眼神看着我。她把刚放到嘴里的假牙咬合了几次，以便适应它。

“昨天在他们去弗罗里安夫人家后，官员来过吗?”

“什么官员?”

“穿制服的官员。”我很有耐心地说。

“是的，他们过来做了口录。他们什么都不懂。”

“描述一下那个大块头——那个拿着枪的，就是因为他你才打电话报警的。”

她描述了样子，完全吻合，他就是马洛侬。

“他开着什么车?”

“一辆小车，都快坐不下他了。”

“这就是所有你能描述的了吗？这个人是个杀人犯。”

她惊讶地张着嘴，但是她的眼睛是笑的。“年轻人，我希望我可以多告诉你些，但是我对车不是很了解。杀人犯，啊?这里的人们又不得安宁了。二十二年前我刚来这里的时候，我们都基本上不锁门。而现在，强盗、行为不端的警察、政客拿着机枪争斗，所以我必须时刻听着点儿。令人愤慨的就是这些让人愤慨的事啊，年轻人。”

“嗯。你对弗罗里安夫人了解吗?”

她抿着嘴。“她不是个好邻居。大半夜的还大声开着收音机，要么大声唱歌。她不跟任何人说话。”她的身体有点儿向前倾。“我不太确定，但是我觉得她一直喝烈酒。”

“经常有人去她家串门吗?”

“实际上一个去串门的都没有。”

“当然，你不知道。夫人——”

“莫里森（Morrison）夫人。除了从窗户上看，我还能做什么呢?”

“我想这一定很好玩。弗罗里安夫人已经住在这里很长时间了——”

“我算了算，差不多十年了。她以前有丈夫，不过在我看来不是个好丈夫。他死了。”她停顿一下，又想想说；“我觉得他是自然死亡。”她又加一句说：“我从未听到其他说法。”

“给她留下钱了吗?”

她使劲闻了闻，冷冷地说：“你喝酒了。”

“我刚拔了一颗牙，牙医给我的。”

“我不能忍受它。”

“它坏了，只能用药物。”我说。

“用药物我也容忍不了。”

“我想你是对的。”我说，“他留给她钱了吗？她丈夫。”

“我不知道。”她的嘴小得像杨梅干。我已经问不出什么了。

“那些警察来过之后还有人来过吗？”

“没有看见。”

“非常感谢！莫里森夫人。我不打扰你了，你很乐于助人。”

我走出客厅，打开门。她跟在我后面，一边清嗓子，一边咬她的假牙。

“如果有情况，我应该打哪个电话？”她稍微有点儿温和地问道。

“大学 4-5000，找努尔缇中尉。她怎么生活——救济？”

“这可不是个接受救济的邻居。”她冷冷地说。

“我打赌它在苏福尔斯①（Sioux Falls）曾经令人羡慕不已。”我看着那个雕刻精美的餐边柜说。因为餐厅太小放不下，所以这个餐边柜只能放在门廊里。

“梅森市（Mason City），”她温柔地说，“是的，我们曾经也有很漂亮的房子——我和乔治（George），而且是最好的。”

我打开纱门，走出去，再次对她表示感谢。现在她笑了，她的笑跟她的眼神一样锐利。

---

① 苏福尔斯，位于南达科他州（South Dakota）。——译者注

“每个月初都会收到一封挂号信。”她突然说。

我转过身，等着她再说点儿什么。她向我倾着身子说：“每个月的第一天，我都看见邮递员去她门前让她签字。她会打扮一下出门，直到深夜才回家，然后下半夜一直唱歌。有时太吵了，我会打电话叫警察。”

我拍了拍那瘦弱的肩膀。

“你真难得，莫里森夫人。”我说。我戴上帽子，表示我要离开了。

刚走了一半，我突然想起了什么，又折返回来。她还站在纱门里面没动，入户门还在她后面打开着。我走上阶梯。

“明天就是第一天，”我说，“四月份的第一天，愚人节。你一定会注意到她有没有收到挂号信，对吧？莫里森夫人。”

她看着我，眼睛发出微微的光芒。她开始笑了——那种老妇人的尖声大笑。“愚人节，”她偷笑着，“她有可能收不到。”

她还笑着，我就走了。

那笑声听起来就像是一只母鸡的打嗝声。

17

她邻居家——弗罗里安夫人家，不管我按门铃还是敲门都没有人应声。我又敲了一次，还是没有人。纱门没有闩住，我又试了试入户门，也没有锁，就进去了。

客厅里一切都没有变，甚至连气味都没有变，地板上也没有人。一个脏兮兮的酒杯依然放在昨天弗罗里安夫人坐的摇椅边上的茶几上。收音机已经关了。我走到沙发边，摸了摸垫子底下，那个该死的酒瓶子依然在这里，不过现在又多了一个。

我喊了几嗓子，没有人回应，然后隐隐约约地听见一个不高兴的、伴着哼哼声的长呼吸。我穿过拱门，蹑手蹑脚地走到那个小走廊。卧室门半开着，里面传来哼哼声，我把脑袋放在门缝里，往里张望。

弗罗里安夫人在床上，平躺着，从脖子往下盖着一床棉被。有一个起毛的被角都快到她嘴里了。她黄黄的脸松弛着，跟半死不活似的；脏乱的头发散落在枕头上。她眼睛慢慢睁开，面无表情地看着我。卧室里有一股让人恶心的味道，掺杂着睡觉的味道、酒味和脏衣服味。在那个表面破烂不堪的灰白色书桌上，放着一个价值六十九美分的闹钟在嘀嘀嗒嗒，它的滴滴声太大了。闹钟上面是一面镜子，从里面看到的是她那扭曲的脸。她翻找照片的那个衣箱还在那里敞开着。

我说："弗罗里安夫人，下午好！你不舒服吗?"

她缓慢地动动嘴唇，抿抿嘴，然后伸出舌头润一下嘴唇，清一下嗓子。她的声音就像是破旧的留声机，她的眼睛终于有精神点儿了，但是从里面看不出一丁点儿高兴。

"你们抓住他了?"

"那个驼鹿?"

"嗯。"

"还没有，我想应该快了。"

她转转眼睛，又突然睁开。

"你应该锁上门，他有可能还会来。"我说。

"哼，你以为我怕驼鹿?"

"在昨天我跟你谈的时候，你好像有点儿。"

她想了想，不过好像没想起什么。"带酒了吗?"

"没有，我今天什么酒都没带。我现在手头有点儿紧，弗罗里安夫人。"

"杜松子酒①便宜。"

"我一会儿出去买点。你真的不怕马洛依吗?"

---

① 杜松子酒，又叫金酒或琴酒，最先由荷兰生产，在英国大量生产后闻名于世，是世界第一大类的烈酒。金酒按口味风格又可分为辣味金酒、老汤姆金酒和果味金酒。——译者注

“我为什么要怕他？”

“嗯，你不怕他。那你怕什么？”

她眼里闪着光，过了一会儿就暗淡下去。“哦，走吧。你们警察让我感到浑身难受。”

我倚在门框上，没有说话。我拿一支烟放到嘴里，然后用嘴唇猛地一颠香烟，香烟的另一头都碰到我鼻子了，其实这是很难做到的。

“警察。”她缓缓地说，好像是在自言自语，“永远都抓不到他的。他很好，有钱又有朋友，你们是在浪费时间。”

“只是例行公事。”我说，“实际上只是自我防卫。他可能去哪儿？”

她冷笑一声，然后用被角擦擦嘴。

“讨好，”她说，“奉承！警察真聪明。”

“我很喜欢驼鹿。”我说。

从她眼睛里看得出她对这个话题很感兴趣。“你认识他？”

“昨天我还跟他在一起呢，就在他杀那个黑人的时候。”

她张大嘴哈哈大笑，脸都笑开了，眼泪从眼眶里涌出，淌到脸上。

“一个又大又强壮的家伙，”我说，“也是个软心肠，非常想找到他的威尔玛。”

“我还以为是她的家人找她呢。”她静静地说。

“他们在找。但是你说她已经死了，什么都没有了。她在哪里死的？”

“得克萨斯州（Texas）的达尔哈特（Dalhart）。她感冒了，然后感染了肺部。”

“当时你在那里？”

“当然没有，我只是听说。”

“哦，弗罗里安夫人，谁告诉你的?”

“一个舞女，不过我忘记叫什么名字了。说不定一杯烈酒能帮我想起来。我感觉像是被困在死亡之谷[①]（Death Valley）似的。”

“嗯，你看起来像头死骡子。”我心想，但是没有说出口。我说：“再问一件事，我就出去买杜松子酒。我也不知道为什么就看了你的房产证。”

她像个木头人似的一动不动地躺在被子里，就连眼睛也半睁着，眼皮一动不动，但是她还在喘气。

“这个房子有个很大的信托契约。”我说，“但是这附近的房产估值都很低。它被抵押给一个叫林赛·马里奥特的人。”

她快速地眨了一下眼睛，但是身体还是没动。她的眼睛直勾勾地盯着。

“我以前给他打过工。”她还是说了，“我以前在他家当过用人，他对我很好。”

我把含在嘴上的香烟拿下来，漫无目的地看了它一眼，又把它放到烟盒里。

“我昨天下午见你后没几个小时，马里奥特先生就给我办公室打电话，他雇我了。”

“雇你干什么?”她声音非常嘶哑。

我耸耸肩说：“我不能告诉你，这是秘密。我昨天晚上去见他了。”

“你真他妈的是个聪明的浑蛋。”她嗓音厚重地说，然后把一只手放到被子里。

---

① 死亡之谷，位于美国南加州东北部大约 350 公里，坐落在加利福尼亚与内华达州的接壤处，距离拉斯维加斯约 224 公里。——译者注

我静静地看着她，没说话。

“聪明的警察。”她冷笑道。

我抬起一只手放在门框上，感觉黏黏的。只是碰了一下门框，我就想去冲个澡。

“好吧，就这样吧。”我说，“我在想我为什么要来，可能也没什么目的。只是个巧合吧，只是好像又有什么。”

“聪明的警察。”她空空地说，“而且还不算是警察，只是个穷侦探。”

“我想是的，”我说，“好吧，再见，弗罗里安夫人。顺便告诉你，我想你明天早上收不到挂号信了。”

她把被子扔到一边，眼睛看起来火辣辣的。她右手里拿着亮堂堂的东西是什么——一把银行家专用（Banker's Special）的小左轮手枪。它有点儿老旧了，但是还是能用的。

“说，”她号叫着说，“快点说。”

我看着那把枪，枪不是很稳地指着我。她的手开始颤抖，但是眼睛还是那么火辣，嘴角的口水都淌出来了。

“你跟我可以和平相处的。”我说。

她的下巴和枪同时下落，我离门口只有几英尺。当枪还在下落时，我从敞开的卧室门溜了出去。

“好好想想吧。”我往身后喊道。

卧室里面没有任何动静。

我快速穿过走廊、餐厅，跑出了房子。我在往外走的时候，感觉后背很不舒服，好像有枪指着我一样。

不过什么都没有发生。我沿着街道返回车里，开车离开这儿。三月份的最后一天已经热得跟夏天一样了。我一边开车，一边把外套脱掉。在第七十七街的警察局前，两个巡逻警察愁眉苦脸地站在巡逻车前。我穿过大门，看见扶手边有一个警察正在看案件记录。我问努尔缇是否在楼上，他说他应该在楼上办公室，还问我是他的朋友吗，我说我是。他说好的，上去吧。我爬上楼梯，穿过走廊，敲敲努尔缇办公室的门。办公室里面应了一声，我就进去了。

他正坐在椅子上剔牙，将脚放在另一把椅子上。他把左胳膊伸直向前举着，看着他的左手大拇指。在我看来那个大拇指是正常的，但是努尔缇却是阴着脸看着它，好像大拇指不好用了似的。

他把左手收回来放到大腿上，把脚放到地毯上，目光从他的大拇指转到我身上。他穿着一件深灰色的外套。桌子上有个惨不忍睹的雪茄屁股正等着他将其扔到烟灰缸里。

我把盖在另一张椅子上的坐垫拿过来，坐下，又拿出一支烟含到嘴里。

“你。”努尔缇看着他的牙签说。

“怎么样?”

“马洛依？我不负责这个案子了。”

“谁负责了?”

“没人。知道为什么吗？他畏罪潜逃了。我们在报纸上通缉他，他看到了。他跑到墨西哥了。”

“好吧，他只是杀了个黑人，”我说，“我想这只是个轻罪。”

“你还是很感兴趣吗？我想你还在查吧?”他灰白的眼睛滑过我的脸。

“我昨晚接了一单活，但是最后没做成。你还有那个小丑①的照片吗?”

---

① 小丑，这里指威尔玛。——译者注

他四处翻找一番，然后从笔记本底下抽出来。她看起来还是那么漂亮，我盯着她的脸看。

“这实际上是我的，”我说，“如果你不需要把它存档的话，我想把它拿回来。”

“我想应该要入档的。”努尔缇说，“我都忘了。好吧，你藏起来吧，我处理档案的事。”

我把照片放到胸前口袋里，站了起来。“我想就这样吧。”我轻描淡写地说。

“我闻到了什么。”努尔缇冷冷地说。

我看着他桌子边上的一根绳子，他沿着我的视线看了过去。他把牙签扔到地上，又把那个雪茄屁股含在嘴上。

“不是这两个。”他说。

“只是个模糊的预感。如果证实了，我会告诉你的。”

“事情都没那么简单，我需要一个突破口。老兄。”

“像你这么努力工作应该给予奖赏。”我说。

他划着一根火柴，看起来很满足。

但我出门时，努尔缇悲伤地说：“我在笑。”

警察局大厅里很安静，整栋大楼都很安静。我走出大门时，那两个巡警还在看巡逻车的挡泥板。我开车回到办公室。

我刚走进办公室，电话响了。我趴在办公桌上接了电话，“喂?”

“请问你是菲利普·马罗先生吗?”

“是的，我是马罗。”

“这里是格雷夫人家，莱文·洛克里奇·格雷。你要是方便的话，格雷夫人想在家里见你。”

“哪里?”

“地址是贝城阿斯特路（Aster Drive）八百六十二号。我可以理解为你会在一个小时内到吗?”

“你是格雷先生吗?”

“先生，我当然不是。我是管家。”

“如果你听到门铃声，那就是我了。”我说。

18

这里离海边很近，但站在这里还是看不到海水，不过可以感觉到空气中海的气息。阿斯特路在那里有一个很长的慢转弯，靠近内陆的路边都是很不错的房子，而靠近峡谷的这边是大豪宅，有十二尺的院墙、铁艺大门和好看的矮树篱笆。豪宅院内——如果你能进得去的话，可以享受温暖舒服的阳光，而且那么静谧，就像置身于贵族的静音盒子里。

站在半开的大门边的是一个上身穿着深蓝色俄罗斯短袍、下身穿着亮马裤和亮黑色绑腿的男仆。他皮肤黝黑，面目俊俏，肩膀宽广，头发光滑闪亮，宽肩亮发，戴着一顶时髦的帽子，正好遮住直射眼睛的太阳。他嘴角上含着一根烟，侧着头，好像是为了躲开呼出来的烟气。他一只手戴着光滑的黑手套，另一只手没有戴手套，但是中指上戴着一枚大戒指。

我没看见门牌号，但这应该就是八百六十二号。我在门口停下车，探着身子问他。他先仔细地打量着我和我的车，没有回答我。然后他向我走来，并把那只没有戴手套的手放到身后。

他在离我车几尺远的地方停了下来，又端详着我。

“我在找格雷先生的府邸。”我说。

“这就是，不能进。”

“我是被邀请来的。”

他点点头，眼中闪着微光。“什么名字？”

“菲利普·马罗。”

“等一下。”他不慌不忙地走到大门里面的门卫亭。那里边有部电话，他对着电话简短地说了几句，然后又走回来。

“你有什么证件吗？”

我让他看看转向柱上的证书。“这证明不了什么。”他说，“我怎么确定这是你的车？”

我拔下车钥匙，下车走到他跟前，都可以感觉到他的气息，喝的最起码是黑格和黑格①（Haig and Haig）威士忌。

“你又偷偷喝酒了。”

他微笑着打量我。

我说：“听着，让我跟你们管家通话，他知道我的声音。你是让我直接过去呢还是让我跟着你过去？”

“我只是个干活的，”他柔和地说，“如果我不——”他说了一半，就又对着我微笑。

---

① 黑格和黑格，一种威士忌酒的品牌。——译者注

“很不错，”我拍着他的肩膀说，“达特茅斯学院[①]（Dartmouth）还是丹尼莫拉[②]（Dannemora)?”

“天哪，”他说，“为什么不早说你是警察?”

我们相视而笑，随后我走进那扇半开的大门，他朝我挥了挥手。弯曲的车道两边是高大的树篱，以至于在外面和房子里都看不见车道。我透过一扇绿色的门，看到绿色的大草坪上有一个日本园丁正在拔天鹅绒般的草地上的杂草，脸上带着日本园丁那种轻蔑的笑。接着映入眼帘的又是那高大的树篱，而且在前面一百尺内我除了树篱什么也看不到。走到树篱的尽头是圆形停车场，里面停了六辆车。

其中一辆是小跑车，还有两辆是非常漂亮的最新款双色别克（Buick)；还有一辆带有镀镍的前进气格栅和大如自行车轮毂的黑色轿车；还有一辆没开篷的敞篷跑车。前面有一条宽水泥路，从这里可以直接到房子边上的入口。

在我左边停车场的更远处是一个四角都有喷泉的下沉式花园。花园的入口有一扇中间镶嵌着飞行丘比特的铁艺大门。灯杆上都有半身雕像，石椅两端各蹲着一个狮身鹰头雕像。花园中间还有一个椭圆形池塘，里面有石刻的睡莲和一只石刻的青蛙蹲在睡莲叶子上。再远处是一条玫瑰柱廊，可能是通向祭坛。不过两边都有树篱，然而没有完全挡住里面，在

① 达特茅斯学院，成立于1769年，美国历史最悠久的学院，是闻名遐迩的常春藤学院之一。坐落于新罕布什尔州的汉诺威（Hanover）小镇。依利扎维洛克牧师当初成立这个学校的目的，是为了培养当地印第安部落的年轻人和年轻白人。最初的二百年中只收男生，直到1972年才改为男女合校，是常青藤学院中最晚接纳女生的一个。尽管如此，该学院却是男孩教育最成功的学院之一。——译者注

② 丹尼莫拉，纽约丹尼摩拉的克林顿教育所（为男性而设）。——译者注

阳光的照射下，出现斑驳的光影。更远一点的左边是野趣园，在一面设计成有点颓废的墙角是一个日晷。那里全是花，各种各样的花，万紫千红。

房子本身也就那样，比白金汉宫[①]（Buckingham Palace）小点，比加利福尼亚（California）灰更深一点儿，而且窗户比克莱斯勒大厦[②]（Chrysler Building）稍小点儿。

我蹑手蹑脚地走到边门，按了门铃，里面传来像教堂钟声一样低沉的铃声。

一个穿着带有金色纽扣条纹上衣的男人打开门，向我鞠了一躬，接过我的帽子，这就是他每天的工作。他身后略微暗一点的地方，是一个穿着笔挺的条纹裤、带着燕子领的黑上衣、系着灰色条纹领带的男人。他往前倾了一下脑袋，说："马罗先生？这边请——"

我们走进一条非常安静的走廊，连一只苍蝇的嗡嗡声都没有，地板上铺着东方地毯，而且走廊两边挂满了油画。我们在墙角转进另一条走廊，从落地窗可以看到远处的一汪碧水，我突然想起来，我们就在太平洋（Pacific Ocean）边，那就是太平洋。那么这个房子就在峡谷的边缘。

管家走到一扇门前，轻轻地打开门，然后站在一边，我走进去。这是一间非常豪华的房间，在壁炉前面放着淡黄色的皮质大沙发和躺椅，光亮而不滑的地面铺着一小块薄如丝

---

① 白金汉宫，是英国君主位于伦敦的主要寝宫及办公处，建筑面积 77000 平方米，还有一座面积约 40 英亩的御花园。——译者注

② 克莱斯勒大厦，是受克莱斯勒汽车制造公司的创建者沃尔特·P. 克莱斯的委托而建造的。它建于 1926—1931 年，坐落在美国纽约市。它是第一座摩天大楼，高 320 米，77 层。——译者注

绸而又像伊索①（Aesop）的姑妈一样老的地毯。一束盛开的鲜花放在房间的一角，还有一束放在一张矮边几上。墙面是暗羊皮纸色，这个房间舒适、宽敞、安逸，既现代又古典。房间里有三个人坐在那里，他们看着我进门，就突然安静了。

他们其中一个是安·雷奥丹，跟我上午见她没有任何变化，只是手里多了一个玻璃杯，里面装着琥珀色的饮料。另一个是一个高高瘦瘦的男人，他脸色暗黄，没有血色，满含忧伤，下巴僵硬，两眼凹陷。他刚好六十岁或者六十岁多点儿，穿着黑色西装，胸前别着红色的康乃馨，看起来很和善。

第三个人是那个金发女郎。她穿着浅浅的蓝带绿的衣服。我没有仔细观察她的衣着，她们肯定找最好的裁缝给她们设计最合适的衣服。这身衣服使她看起来非常年轻，也使她那天青金石色的眼睛更蓝了。她的头发是金黄色的，有点儿乱，但乱得刚刚好。她身材好得已经没有人能指点出什么。她的衣服款式很简单，只是在喉咙处钉了一颗钻石扣子。她的手不小，但是很有型，指甲涂成洋红色。她微微向我一笑，看起来笑得很轻松，但是眼睛有一丝深思的神情。她的嘴唇很丰满。

“非常高兴你能来，”她说，“这是我的丈夫。亲爱的，帮马罗先生调杯酒。”

格雷先生跟我握了一下手。他的手冰凉，还有点儿湿，眼里充满悲伤。他用苏格兰威士忌（Scotch）和苏打调了一杯酒递给我。然后坐在一个角落里，静静地，不说话。我喝了半杯酒，对雷奥丹小姐笑了一下。她用一种心不在焉的表

---

① 伊索（公元前620—前560年），是公元前6世纪的古希腊的一个寓言家，生活在小亚细亚。——译者注

情看着我，好像她又有新线索了。

“你可以为我们做任何事吗？”金发女郎看着酒杯，缓缓地问道。“如果你能，我就太高兴了。比起再与那些可怕的劫匪交涉的话，这点损失不算什么。”

“实际上，我对这件事不是特了解。”我说。

“嗯，我希望你可以。”她又对我一笑，我全身都感觉到发麻。

我把剩下的酒喝完，开始慢慢平静下来。格雷夫人摇了摇大皮沙发扶手边上的一个铃绳，一个仆人进来了。她一指那个托盘，仆人环顾四周，然后调了两杯酒，因为雷奥丹小姐还是端着刚才那杯，显然格雷先生不喝酒。仆人出去了。

格雷夫人和我都端了自己的酒。格雷夫人交叉着双腿，有点儿漫不经心。

“我怀疑我能做什么？”我说，“从哪里开始呢？”

“我相信你可以的，”她又朝我一笑，“林赛·马里奥特有多信任你？”

她斜看了一眼雷奥丹小姐，但是雷奥丹小姐没有留意到，她坐在那里眼睛盯着别处。格雷夫人看着她丈夫说：“亲爱的，你还要为这个操心吗？”

格雷先生站起来，说他非常高兴见到我，他不舒服需要去休息一下，希望我不要介意。他太温文尔雅了，我都想把他扶出去以示我对他的敬佩。

他离开了，非常轻地关上门，好像是怕吵醒什么人似的。格雷夫人盯着门口看了一会儿，然后又微笑着看着我。

“你应该完全信任雷奥丹小姐吧。”

“格雷夫人，我没有完全信任的人。她只是碰巧知道这个案件。”

“嗯。”她先抿了一两口酒，然后一口喝光，把酒杯放好。

“让这种文明的喝酒方式见鬼去吧，”她突然说，“我们聊一聊吧。你是你们行里难得一见的好看的男人。”

“出大力的行当。”我说。

“我不是那个意思。你赚得多吗？我是不是很粗鲁无礼？”

“赚不多。也很累心，也很有趣。有时也有大案件。”

“你怎么成为私人侦探的？你会不会介意我打听你？把桌子推过来，可以吗？这样我就可以够着酒了。”

我站起来，把放着大银托盘的小桌子从那光亮的地板上推到她身边。

“我们大多数以前是警察。”我说，“我曾经在地方检察院工作过，不过后来被解雇了。”

她笑得非常好看。“我敢肯定，绝对不是因为你能力差。”

“不是，因为顶嘴。他们又给你打过电话吗？”

“嗯……”她看着安·雷奥丹，等着她有所反应。

安·雷奥丹站起来。她还拿着那个满着的酒杯，然后将酒杯放到托盘里。“你们估计要谈很长时间，”她说，“如果你们是的话……格雷夫人，非常感谢您能跟我谈话。我不会用我们的谈话内容写东西的，我保证！”

“哦，天哪，你不是要走吧？”格雷夫人笑着说。

安·雷奥丹咬着嘴唇，待了一会儿，好像是她在想是把它咬下来，还是伸出来，还是一直咬着。

“对不起，我得走了。你知道的，我不是在给马罗先生做事，我们只是朋友。再见，格雷夫人。”

金发女郎笑着对她说：“欢迎你随时来拜访。”她按了两次铃，这次是管家进来，他把门打开。

安·雷奥丹快步走出门，接着门关上了。门都关上好一会儿了，格雷夫人还在微笑着看着门。她过了一会儿说："这样好一些，你觉得呢？"

我点点头。"你可能会想，如果我们只是朋友关系，她是怎么知道这么多的，"我说，"她好奇心非常强。像你是谁，谁是翡翠项链的主人等很多信息都是她自己查出来的。还有其他的一些是她碰巧知道的，昨天晚上她正开着车兜风，碰巧看到那块平地有亮光，就下去看了，就知道了昨晚马里奥特被杀的事。"

"哦，"格雷夫人端起一杯酒，做了个鬼脸，"这个事想想就可怕。可怜的林赛，他本来就是个卑鄙的家伙，当然他的朋友也是。但是就这样死了，还是很可怕。"她打了个寒战，眼睛睁大了，而且有点儿暗淡。

"不要担心雷奥丹小姐，她的嘴很严。她父亲以前是在贝城当了很多年的警察局长。"我说。

"嗯，她告诉我了。你不喝酒？"

"我在喝'另一种酒'。"

"我们应该会相处得很融洽的。林赛·马里奥特告诉你抢劫的经过了吗？"

"他没有说得很明确，就在从这里到卡德罗的路上，有三四个劫匪。"

她点点她那金光闪闪的头说："是的。他们还又还给我们一个戒指，非常好的戒指。这真是太可笑了。"

"这个他告诉我了。"

"话又说回来，我几乎不戴那串翡翠项链，毕竟是世界上非常稀有的翡翠，老古董，然而他们把它打劫了。我估计他们还不知道它的价值，你说呢？"

"否则他们应该知道你不会戴它，都有谁知道它的价值呢?”

她陷入了思考中。这样看着她思考的样子很不错。她还是双腿交叉，有点儿漫不经心。

“我想有许多人。”

“但是他们不知道你那天晚上会戴它吧？有谁知道?”

她耸耸浅蓝色的肩，我努力克制自己不去看她。

“我的女仆，但是如果她要偷的话，有无数次机会。而且我相信她——”

“为什么?”

“我也不知道，我就是凭直觉会相信一些人。我也相信你。”

“你相信马里奥特吗?”

她的眼神变得警惕起来，表情也有点儿严肃。“不是所有事情都信任他，要看情况。”她很会说话，很冷静，拿捏得正好，而且用词非常恰当。

“好吧，除了女仆呢？司机呢?”

她摇着头说：“那晚林赛开着自己的车。我想乔治（George）根本就不在，那天是星期四吧?”

“我不知道，马里奥特告诉我的时候说是四五天前。如果是星期四，到昨晚刚好一周。”

“嗯，就是星期四。”她伸手拿我的酒杯，她的手碰到了我的手，非常柔软的触感。“乔治周四休例假。”她帮我倒了苏格兰威士忌，又往里喷了苏打水。这种酒会让你不计后果地一直喝。她给自己调了一杯一样的酒。

“林赛告诉你我的名字了吗?”她温柔地说，眼里还带着一点儿警惕。

“他非常小心，没有跟我说。”

“那么，他可能也在时间上隐瞒你了。让我们理一下头绪，女仆和司机排除了，我是说内部帮凶已经排除。”

“但在我的名单里，他们还没有被排除。”

“好吧，至少我在尝试，”她笑了，“然后是管家牛顿（Newton），他那天晚上可能看到我戴那条项链了。不过项链垂得很低，而且我又穿了那件白色狐皮披肩，我想他看不到的。”

“我打赌你看起来像在梦里。”我说。

“你是不是有点儿喝醉了？”

“我很清醒。”

她往后仰着，发出悦耳的笑声。我到现在为止只见过四个女人这样时还是那么漂亮，她就是其中一个。

“牛顿没问题。”我说，“我感觉他不是那种跟流氓交往的人，但是这只是猜测。那个仆人呢？”

她想了想，摇着头说：“那天他没见过我。”

“有没有人要求你戴那条项链？”

她的眼神变得更加警惕了。“你不是在玩我吧？”她说。

她又帮我把酒倒满，尽管里面还有一寸高的酒，我没有拦她。我欣赏着她脖子上漂亮的线条。

当她把酒杯都倒满，我们又继续边喝边聊。我说：“我们先把实际情况弄清楚，然后我再分析。说一下那天晚上的情况吧。”

她把衣袖往上一拉，看了一眼手表说：“我该去——”

“让他等吧。”

她的眼睛一闪，不过我很喜欢这种眼神。“这样有点儿太坦诚了。”她说。

“在我的工作中这不算。说一下那晚的事情，要么把我拎出去。你选吧，让你那漂亮的脑袋好好想想。”

“你最好坐到我这边来。”

“我已经盼望好久了，”我说，“准确地说，从你交叉双腿时就想了。”

她往下拽拽衣服。“这该死的衣服总是往上缩。”

我坐到那张黄色的皮质大沙发上，就在她旁边。“你是个干事又快又利索的人吧？”她轻轻地问。

我没有回答她。

“你经常干这种事吗？”她斜着眼看着我说。

“几乎没有。”

“只不过你没有空闲时间。”

“让我们集中一下精神，”我说，“让我们谈谈我们现在正在想的——或者我的——问题。你要付我多少钱？”

“哦，原来问题在这里。我以为你要帮我找回项链，至少是努力找回。”

“我必须用我自己的方式工作，这种方式。”我把杯子里的酒一饮而尽，杯子都竖起来了，甚至还咽下了一点儿空气。

“还要调查一宗谋杀案。”我说。

“那个跟这个没关系，我是说那是警察的事，对吧？”

“对，只不过是一个可怜的家伙付给我一百元，让我保护他，但我没做到。这让我感到很内疚，让我好想哭。我可以哭吗？”

“喝一杯。”她又倒了两杯苏格兰威士忌。不过感觉她喝这酒没什么感觉，好像在喝胡佛水坝①（Boulder Dam）里

① 胡佛水坝，又称顽石坝，美国科罗拉多河上的大坝，高 221 米，坝顶长约 360 米。——译者注

的水。

“好了，我们刚才说到哪里?”我说。我尽量拿稳酒杯，好不让酒晃出来。“不是女仆，不是司机，不是管家，不是仆人。接下来说我们的私事了。抢劫是怎么发生的？你可能还知道一些马里奥特没有告诉我的细节。”

她用手托着下巴，身体前倾。她表情很严肃。

“我们一起去参加了一个在布莱武德山（Brentwood Heights）举行的聚会。然后林赛提议我们去卡德罗喝几杯，再跳跳舞。我们就去了。当时日落大道（Sunset）上正在施工，而且很脏，所以我们回来的时候林赛走的是圣他莫尼卡大道（Santa Monica）。我们路过一个很破的叫因迪奥的旅馆，我只是碰巧看到了这个旅馆。那个旅馆对角是一个啤酒吧，一辆车停在前面。”

“就一辆车——在啤酒吧前面吗?”

“是的，就一辆。那是个很破烂的地方。这辆车启动了，一直跟着我们。我当时一点儿都没多想，也没有理由多想。然后，当我们快要从圣他莫尼卡大道转到安古洛大道（Arguello Boulevard）时，林赛说‘让我们走另一条道’，接着转向一条弯曲的住宅区道路上。然后，突然一辆车超过我们，擦上了我们的挡泥板，然后停下来。一个穿着风衣、围着围巾、帽子几乎遮着脸的男人过来向我们道歉。我看到他围了好几圈围巾，看不到脸，除了又高又瘦外，什么都看不清，我就有点儿担心。当他走近——后来我想起来他没有在车前的明处走。”

“那肯定。他们不想让你们看清。再来一杯，这杯我敬你。”

她身体前倾，两条细眉锁在一起沉思——没有描眉。我去调了两杯酒，她继续说：

“当他走到林赛边上，把围巾往上一拉，只露着两只眼睛，拿出一把亮闪闪的枪对着我们。‘打劫!’他说，‘不要出声，这样对我们都好。’然后又有一个人从另一边过来。’”

“在比弗利山庄，”我说，“这是加利福尼亚警力最好的四平方英里。”

她耸耸肩说：“但是还是发生了这种事。戴围巾的那个人让我把珠宝和包都交出来，站在我身边的那个人没有说话。我把包和珠宝交给林赛旁边那个人，他把包和一个戒指还给了我。他让我们不要急着报警和找保险公司，他们想跟我们做个简单的交易。他说他们觉得直接交易比较简单。他一点儿都不着急，说如果必要的话他们可以跟保险公司的人交易，但是那样就得交一部分钱给律师，他们不想这样。从他的言语中可以推断他应该受过一些教育。”

“这种作案手法好像是埃迪（Eddie），”我说，“不过他已经在芝加哥（Chicago）被杀死了。”

她耸耸肩。我们喝了一杯，她继续说：

“然后他们就走了，我们回家了。我跟林赛说不要把这事说出去。第二天我接到一个电话。我们有两部电话，一部是转接的，在我卧室那部是直拨的。那个电话打到直拨电话上，当然电话本上也没有那个号码的记录。”

我点点头。“他们花几元就能买个号码，他们一直都是那么做。有些电影明星每月都要换号码。”

我们继续喝酒。

“我告诉他，让他跟林赛谈，林赛可以代表我。如果他们的要求合理，我们可以交易。他说好。我猜从那时起他们就故意拖了很久，是想看我们的反应。你知道最后我们协定八千元等。”

“你能辨认出他们吗?”

“当然不能。”

“兰德尔知道这些吗?”

“知道。我们还要继续谈这个吗？这件事让我感到很烦。”她又对我微笑。

“他有没有做出什么评论?”

她打了个哈欠说：“可能有，我忘了。”

我拿着空酒杯坐在那里沉思，她拿走我手中的酒杯又倒满了。

我从她手中拿过酒杯，然后换左手拿着。我用右手抓住她的左手，感觉到又滑，又软，又温暖，又舒服。她握紧我的手，手劲儿挺大。她是个体格健美的女人，不是朵纸花。

“我想他有自己的看法，”她说，“但是他没有说。”

“每个人都对这个有自己的看法。”我说。

她慢慢转过头来，看着我，点点头说：“你不会错失这些吧?”

“你认识他有多久了?”

“哦，好几年了。他以前是我丈夫 KFDK 电台的播音员。我在那里认识了他，也认识了我丈夫。”

“我知道。但是马里奥特好像很有钱，不过不是特别富，只是有足够的钱。”

“他继承了一些钱后就从电台辞职了。”

“你是确切地知道他继承了一笔钱还是听到他说的?”

她耸耸肩，又紧握我的手。

“或者那不是一大笔钱，而且他大手大脚的。”我也攥攥她的手，“他跟你借过钱吗?”

“你还有点保守，对吧？”她看着被我攥着的手。

“我正在工作。你的苏格兰威士忌太好了，让我半醒半醉。”

“嗯。”她从我手中抽出手来，揉了揉，“你有空要练练手劲。林赛·马里奥特当然是一个高级敲诈犯。很显然，他靠女人过活。”

“他有你什么把柄吗？”

“我该告诉你吗？”

“这可能不太明智。”

她笑了。“不管怎样，我还是要告诉你。有一次在他家，我喝醉了，睡着了，我很少喝醉的。他把我衣服脱了，拍了很多照片。”

“这个狗杂种。”我说，“你拿到那些照片了吗？”

她用手拍拍我的手腕，温柔地说：

“你叫什么名字来？”

“菲利普，你呢？”

“海伦（Helen）。吻我。”

她软软地躺到我的大腿上。我低下头开始吻她的脸。她晃动着睫毛轻轻地蝶吻我的脸。她的舌头像蛇一样从白齿间伸出，我刚要吻到她微张的热唇。这时门开了，格雷先生悄无声息地走进了房间，我还抱着她来不及分开。我抬头看着他，我感觉自己像芬尼根（Finnegan's feet）被埋葬那一天，他的脚[①]一样冷。

躺在我怀里的金发女郎没有动，甚至连微开的嘴唇都没有闭上。她脸上是半梦半挖苦的表情。

格雷先生轻轻地清清嗓子说："真的对不起。"又轻轻地走出了房间。他眼中充满了无尽的忧伤。

我把她推开，站起来，拿出手帕擦脸。

她还半躺在沙发上，一只长袜往上的肌肤露在外面。

"刚才是谁?"她含糊不清地问道。

"格雷先生。"

"不用管他。"

我从她身边走开，坐到刚才那张椅子上。

过了一会儿，她坐起来，一动不动地看着我。

"不要紧的，他理解的。他还想怎样?"

"我想他知道了。"

"我告诉你不要紧的。这还不够吗?他是个病人，究竟要——"

"不要大喊大叫，我不喜欢这种女人。"

她从身边的包里拿出一块小手帕擦擦嘴唇，然后拿出镜子照了照。"你说对了，"她说，"喝得太多了。今晚在观景楼俱乐部见，十点钟。"她没有看着我说，而且呼吸很急促。

"那个地方不错?"

"莱尔德·布鲁内特（Laird Brunette）是那里的老板，

---

① 出自《芬尼根的守灵夜》（Finnegans Wake），这是爱尔兰作家乔伊斯最后一部长篇小说，书名来自民歌《芬尼根的守尸礼》。这是一部融合神话、民谣与写实情节的小说，作者在书中大玩语言、文字游戏，常常使用不同国家语言，或将字词解构重组，他用了 17 年的光阴写《芬尼根的守灵夜》。——译者注

我跟他很熟。”

“好。”我说。我还是很冷，感觉有点儿恶心，好像是掏了穷人的口袋一样。

她又拿出一支唇膏轻轻地涂着，直勾勾地看着我。随后把镜子扔过来。我接到镜子，照了照脸，又走过去还给她。

她倚在沙发上，懒懒地看着我，我可以看到她整个喉咙部分。

“怎么啦?”

“没什么。十点钟观景楼俱乐部见，别穿得太华丽了，我只有一套晚礼服。酒吧见?”

她点点头，眼神还是很懒散。

我头也不回地走出房间。那个仆人在走廊里把我的帽子给我，他像大石头脸①（Great Stone Face）一样面无表情。

---

① 米勒德县内的帕范谷拥有数个古老的熔岩流和死火山，其中包括“黑岩”熔岩流。“黑岩”附近有一个岩石雕像，名为“大石头脸”。——译者注

19

我沿着那条弯曲的车道往下走向大门口，消失在那修剪整齐高大的树篱里。现在门口岗亭换了一个人，他高大魁梧，穿着便衣，显然是个门卫。我出去时，他向我点点头。

传来一声车喇叭声，雷奥丹小姐的车就停止我的车后。我走到她跟前，看着她。她的表情既冷又挖苦。

她坐在驾驶座上，戴着手套的瘦小双手放在方向盘上，对我笑着。

“我在等你，我知道那不关我的事，你觉得她怎么样？”

“我想她的裤腰带很松。”

“你为什么总是这么说话？”她愤怒的脸都红了，“有时我恨男人，包括老男人、小青年、足球运动员、男歌手、精明的富豪、小白脸，还有私人侦探。”

我忧伤地看着她。“我知道我说话太伤人，特别是现在。谁告诉你他是小白脸？”

“谁?”

“不要装傻，马里奥特。”

“哦，那是很有把握的推测。对不起，我的意思不是说下流，我想你可以轻而易举地给她拖下衣服。但是还有一件事你是确定的——你是后来者。”

这条宽阔弯曲的大道正在阳光下打瞌睡。一辆喷绘精美的小货柜车无声地开到路对面房子门前，然后往后倒了一下，又从侧门开到里面去了。小货柜车有一面喷着“贝城婴儿服务（Bay City Infant Service)”。

安·雷奥丹向我这边倾着身子，淡蓝色的眼睛里充满了伤感和忧愁。她微微地噘着嘴，然后又改为咬着嘴唇，伴随着急促的呼吸，用比较低的尖声说：

“也许你不想让我管闲事，是吗?而且在你有主意前不能有自己的见解。我认为我的帮助是微不足道的。”

“我不需要任何帮助，警察也不想听我的见解，我帮不了格雷夫人任何事情。她跟我讲有辆停在啤酒吧前的车跟踪他们，这说明什么?这是一次高级的抢劫。这里面有内鬼，他看到格雷夫人戴着翡翠项链就通风报信了。”

“如果他没有通风报信呢?”

“如果有呢，”我说，然后从口袋里摸出一根烟，“无论是哪种，我一点儿线索都没有。”

“心理上呢?”

我的眼中空无一物，“心理?”

“我的天，”她静静地说，“我还以为你是个侦探呢。”

“这方面没有谈。”我说，“我得小心了。这个格雷有的是钱，而且在这里法律可以为钱服务。想想这件案子里警察办的滑稽事，没宣传，没有登报纸，没有让不懂事的陌生人掺和进来，而且把重要的线索都淡化了。尽管我一点儿都不想掺和，他们只是让我沉默，警告我让我离开。”

“你把大部分口红都擦干净了，”安·雷奥丹说，“我说的心理学。好吧，再见。在某种程度上，还是很高兴认识你。”

她发动起汽车，一加油门，消失在尘埃中。

我看着她消失了。她走了以后，我又看向路对面，那个开着印有“贝城婴儿服务”小货柜车的人，穿着又白又笔挺还闪耀的制服，只从外观上看，就让人感觉很干净。他把一纸箱东西放到车上，然后上车离开了。

我想他只是来换尿布的。

我回到车上，看了一下表，快五点了，然后启动汽车。

那苏格兰威士忌，确实是非常好的苏格兰威士忌，伴随着我一起回到了好莱坞大道。

我在等红灯。

“那是一个漂亮的小女孩，”我在车里大声告诉自己，“是男人就应该对漂亮的小姑娘感兴趣。”没人说什么。“但是我不感兴趣。”我说。还是没有人说什么。“十点钟在观景楼俱乐部见。”我说。有人说：“呸!”

不过这听起来好像是我的声音。

当我回到办公室时，已经五点四十五分了。整栋大楼非常安静，隔壁的打字机还是在啪嗒啪嗒打字。我点上烟斗，坐在椅子上等待着。

20

那个印第安人身上有股难闻的气味。门铃响了，我开门去看是谁之前，他的气味已经直接穿过小接待室钻进了我的鼻孔。他站在走廊门边，看起来像尊青铜雕像，虎背熊腰，胸膛宽阔，看起来像个乞丐。

他穿着棕色西装，但是上衣的肩膀太小，裤腰太瘦。他的帽子至少比他的脑袋小了两个号，而且上面满是汗渍，就像是原来帽子的主人临时给他扣上去的。他戴着那顶帽子就像是房子顶上顶着的风向标。他的衣领像是马项圈一样，而且颜色同样也是马项圈的脏棕色。一条黑色的领带挂在衬衣外面，领带结像是用钳子夹成了豌豆大小。在脏衣领的上面，围着他那喉咙部分的是一大条黑丝带，就像是一个老太太在脖子上做的装饰。

他的脸扁平而宽大，鼻子高挺，他的眼睛几乎没有眼皮，面颊骨下垂，肩膀壮得像铁匠，两条腿很短，看起来很笨，像是黑猩猩腿。我后来发现它们短而不笨。

如果他稍加梳洗打扮，再穿上白色长袍，他绝对是一个活生生的邪恶罗马（Roman）参议员。

他的气味是那种原始人的气味，而不是城里的那种难闻的气味。

“嘿，”他说，“快点，走吧。”

我回到办公室，向他勾勾食指，他悄无声息地过来了，就像墙上爬的苍蝇一样无声无息。我坐到椅子上，很专业地转了下椅子，指着办公桌对面的客户椅子。他没有坐下，那又黑又小的眼睛有些敌意。

“去哪儿?”我说。

“嘿，我是普澜汀二世，我是好莱坞的印第安人。”

“请坐，普澜汀先生。”

他用张大的鼻孔呼了一下，那鼻孔本来就大得跟老鼠洞似的。

“我叫普澜汀二世，不是普澜汀先生。”

“我有什么可以效劳的吗?”

他升高了一个音调说：“他说快点回去，‘总统’（Great white father）说快点去，他让我像火箭一样带你回去。他说——”

“停，不要再说你那些儿童黑话。”我说，“我不是学校的女老师。”

“疯子。”印第安人说。

接下来好一会儿，我们在隔着办公桌互相诋毁对方，不过在这方面他比我厉害。然后他摘下帽子，把它翻转过来。他用一根手指沿着防汗圈摸了一圈，然后把防汗圈弄出来。他从帽檐上拿开一个回形针，拿出一个纸包扔到桌子上。他生气地用手指着它，他的指甲看来不知被牙啃了多少次了。他的头发被帽子勒出了一个圈。

我打开纸包，里面有一张名片。我对这个名片太熟悉了，跟那三根俄罗斯香烟的过滤嘴里的一模一样。

我把玩着烟斗，瞪着他，试图让他屈服于我的眼光。但他就像一面砖墙一样，毫无反应。

“他想干什么?”

“他想你快点去，立刻就去，像火箭——”

“疯子。”我说。

他慢慢地闭上嘴，冷漠地眨着一只眼，然后又几乎笑了。

“并且他还需要付我一百元作为雇用定金。”我尽量让他感觉一百元对我来说跟五分一样。

“啊?”他怀疑道。

“一百元。”我说，“没钱，不去。明白吗?”我用手做了个一百的手势。

“哈，大人物。”印第安人冷笑道。

他用那脏兮兮的手又在帽子里翻找一番，又扔到办公桌上一个纸包。我拿过来，打开它，里面是一张崭新的一百元纸币。

印第安人没有把帽带挽起，就把帽子戴上，这样使他显得更滑稽。我坐在那里张着嘴盯着那张钞票。

“心理医生是对的。”我说，“我怕这么聪明的人。”

“快点吧。”印第安人说。

我从抽屉里拿出一支三十八口径的柯尔特自动手枪。我去见莱文·洛克里奇·格雷夫人时没有带它。我脱了外套，戴上皮枪套，塞好枪，系好枪套，穿上外套。印第安人对这一切没有任何表示。

“坐我的车，”他说，“大车。”

“我已经不喜欢大车了，”我说，“我坐我自己的车。”

“你坐我的车。”印第安人要挟道。

“我坐你的车。”我说。

我锁上办公桌和办公室门，关上门铃，像往常一样不锁接待室门。

我们走过走廊，下了电梯。

这个印第安人身上的味儿真大，电梯操作工也闻到了。

21

那是一辆深蓝色的最新款七座帕卡德[①]（Packard）定制轿车，坐这种车得戴着珍珠项链。它停在消火栓边上，车上坐着一个面无表情的皮肤黝黑的外国模样的司机。车内装饰是绗缝的灰色绒布。印第安人把我安排到后座，我自己孤零零地坐在那里，感觉自己像一具被“味道很好”的殡仪员随意安排的高级尸体。

印第安人坐在副驾驶座上。车子在路中间掉了个头，街边的一个警察弱弱地喊了一声“嘿”，好像不是真喊，然后快速弯下腰系鞋带。

我们往西驶去，沿着日落大道开得飞快，而且很安静。那个印第安人一动不动地坐在司机旁边，他那独特的味道还

① 帕卡德，是20世纪著名的豪华汽车品牌，其精湛无瑕的汽车生产工艺驰名于世。——译者注

时不时地飘过来。司机看起来像是睡着了，但是他轻而易举地超过了开得飞快的敞篷跑车，看起来他们好像是被我们拽着走一样。司机一路行驶过去全是绿灯，有些司机也会碰到这种情况，但是他一个都没落。

我们沿着弯曲的道路继续行驶。我们经过几个上面有影视明星名字的古玩店；经过贴满花边和古锡的橱窗；经过拥有名厨和同样出名的赌博房间的新夜总会，这都是由紫帮①（Purple Gang）经营的；经过格鲁吉亚殖民（Georgian-Colonial）区的旧建筑；经过漂亮的现代建筑区，那里面的好莱坞皮条客有谈不完的生意；经过一家某种意义上没有附属的汽车餐厅，尽管里面的女孩穿着白色丝质军上衣，戴着鼓乐队队长帽，臀部以下只穿着锃亮的黑森士兵穿的膝前有饰穗的长靴。经过了这一些后，又经过贝弗利山庄慢弯的宽阔大道，南边是在没有雾的傍晚看得格外清楚的五光十色的灯光；经过北面山上阴影中的豪宅。我们已经过了贝弗利山庄，然后驶向一条山路。我感到吹来的海风和一丝夜晚的凉意。

这里下午的时候还是很温暖的，现在热气已消散了。

我们快马加鞭地经过远处有灯光的建筑和近处亮着的豪宅。我们向下经过一个大的绿色马球场和它旁边一般大的练习场。我们又往上驶去，经过某个富人种植的橙子树林，但这里不产橙子。然后那些亮着灯的豪宅慢慢看不见了，路也变窄了。这里就是斯蒂尔伍德海斯。

我闻到从峡谷飘来的草味，这让我想起了那个死人和那漆黑的夜。零零散散的像浮雕一样镶嵌在山的一边。然后就没有房子了，只剩下黑漆漆的山麓，还点缀着一两颗星星。

---

① 紫帮，黑社会。——译者注

水泥路像绸带一样，一边是陡峭的山谷，那里杂乱地长着橡树和常绿灌木，如果你停下来静静地等待，可以听到鹌鹑叫。水泥路的另一边是山坡，山坡边上是几朵野花，像不愿睡觉的顽皮小孩。

这时道路有个急转弯，车子的大轮胎碾过松动的石头，继续沿着一条两边长着野生天竺葵的上坡路行驶。在道路的顶端，我们可以看到依稀的灯光，那是坐落在山顶上的城堡，它像孤零零的灯塔，又像一座鹰巢。这是一栋用灰泥和玻璃砖建设的有尖角的房子，它属于那种原始与现代相结合的风格，看起来不算丑。总而言之，在这里开心理咨询所是很不错的选择，真是叫破喉咙也没有用的。

汽车转到房子边上，这时厚重的墙里的黑门上面的灯亮了。那个印第安人咕哝着下了车，打开后车门。那个司机用电子打火机点了一支烟，一股粗劣的烟味向我飘来。我也下了车。

我们朝黑色门走过去，门几乎带着威胁似的自动开了。门里面是一条窄走廊，玻璃砖墙光线闪耀。

那个印第安人吼道：“嘿，进去吧，大人物。”

“你先，普澜汀先生。”

他阴着脸进去了，我们进去后，那扇门又悄无声息地，非常诡秘地关上了，就像它自动打开一样。在狭窄的走廊尽头，我们挤进一部小电梯，那个印第安人关上门，按了按钮。我们缓缓地上升，电梯非常安静。现在我闻到的印第安人身上的气味与之前闻到的简直不可同日而语。

我们出了电梯，走进一个亮着灯的四周都有窗的塔楼。在这里还能看见傍晚的天际，远处的海面波光粼粼，黑暗正在悄悄地吞噬着丛山。这里的墙面都镶着嵌板，地上铺着老式波斯浅色地毯。这里还摆着一张好像从古老教堂偷来的雕刻得很好的接待桌，桌子后面坐着一个女人，她正对着我笑。这是一种干巴巴的笑，好像一戳就成粉末一般。

她的脸又黑又瘦，有点儿亚洲特征，头发卷曲而光滑。她耳朵上戴着重彩宝石，手指上戴着几个大扳指，包括一个月长石戒指和一个翡翠嵌银戒指。那个可能真的是翡翠，但是戴在她身上就像是从廉价商店买来的奴隶手镯。她的手又干又黑，皮肤粗糙，一点儿都不适合戴戒指。

她开口说话，那声音听着非常熟悉，“啊，马罗先生，你来真是太好了。埃莫森先生会非常高兴的。”

我把那个印第安人给我的一百元放在桌子上。我往身后看了看，发现那个印第安人已经坐电梯下楼了。

“对不起，非常感谢你的好意，但是我不能接受。”

“埃莫森——他想雇用你，不是吗?”她又笑了。她的嘴唇太干了，说话都有点儿沙沙响。

“我得先知道是什么工作。”

她点点头，然后慢慢地站起来。她穿着一条跟美人鱼皮一样紧的裙子，以展示她的身材——如果你喜欢腰部以下大了四个号码的那种的话。

“这边请。”她说。

她按了面板上的一个按钮，一扇门静静地滑开了。房间里面发出乳白色的光，我进门之前又回头看了一眼她的笑容，那比埃及（Egypt）还老的姿容。那扇门又在我身后静静地关上了。

房间里没有人。

这个房间是呈八角形的，黑丝绒布幔从天棚直接垂到地面，高高的天花板也是黑色的，可能也是黑丝绒的。在那无光泽的黑色地毯中间，放着一张八角形的桌子，“大”得只能放下四只胳膊。桌子中间摆着一个有黑色底座的乳白色圆球，这其实是一盏灯。至于这盏灯是怎么工作的，我就不知道了。桌子的每一边都摆着白色的八角形凳子，好像是桌子的缩小版，而且每面墙边也摆放了一个这样的凳子。这个房间里除了这些什么都没有，也没有任何窗口，墙上甚至都没有一个灯座。如果这个房间里还有其他门，我肯定看不到，因为我都看不见我刚才进来的那扇门。

我在那里站了有十五秒钟，开始隐隐约约有种被人监视的感觉。这里可能有窥视孔，但是我看不到，我也放弃了去查找。这个房间太静了，我可以听到鼻子的呼吸声，轻轻的就像窗帘的沙沙声。

这时，我对面墙上的一扇隐形门滑开了，一个男人从那里进来，然后门又关上了。他径直走到桌子边，低头坐在一个八角形凳子上。他向我招招手，那是我迄今为止见过的最美的手。

“请坐，坐我对面。不要吸烟，也别紧张，尽量完全放松。我能为你做什么？”

我坐下，拿出一支烟放到嘴里，但没有点上。他又高又瘦，身体像钢管一样挺直。他有一头迄今为止我见过的最好的头发，就像刚从真丝制品抽出来的蚕丝。他的皮肤像玫瑰花瓣一样鲜嫩。他可能有三十五岁或者六十五岁，是那种永不显老的类型。他的头发向后梳着，从侧面看简直就是巴里摩[①]（Barrymore）。他的眉毛漆黑，跟墙面、天花板和地毯一样黑。他的眼睛那么深邃，就像梦游者的眼睛那样不见底，又像古堡里一口九百年的井，你往里扔一块石头，然后竖着

① 巴里摩，美国著名演员。——译者注

耳朵等待着，直到你等不下去了，苦笑一声准备转身离去时，井底传来溅水声，而且是那么的微弱，那么的遥远，你简直不敢相信有这么深的井存在。

他的眼睛就是那么深邃，而且没有任何表情，没有灵魂。他的眼睛可以不眨一下地看着狮群把一个人撕成碎片，也可以不眨一下地看着一个人在酷日下被钉住扣掉眼睛撕心裂肺地喊叫。

他穿着由裁缝大师缝制的双排纽扣黑色西装，茫然地看着我的手指。

“请别紧张，”他说，“这样会打断我的思路。”

“这样还会使冰融化，黄油融化，猫在厉叫。”我说。

他微微一笑，这应该是世界上最小的微笑了。“我相信你不是来捣乱的。”

“你好像忘了我为什么要来。顺便说一下，我把那一百元还给你的助理了。你应该记起来了，我是为了一些烟而来。一些卷着大麻的俄罗斯烟，而且过滤嘴里藏着你的名片。”

“你想查明到底发生了什么？”

“是的，我应该付你一百元。”

“这倒不必。答案很简单，我有很多事不知道，这是其中之一。”

那一刻，我几乎就相信他了。他的脸光滑得像天使的翅膀。

“那么你为什么要给我一百元？还专门派一个粗鲁的印第安人和专车接我？顺便问一下，那个印第安人怎么那么臭？他既然是你的人，难道你就不能让他洗个澡？”

“他是个天然的培养基，就像钻石一样稀有，也像钻石一样有时在脏的地方被发现。你是个私人侦探？”

“是。”

“我认为你是个蠢蛋，看起来就很愚蠢，干着愚蠢的工作。你来这里也是基于蠢的目的。”

“我知道了，”我说，“我是蠢蛋，一会儿就牢记在心了。”

“我想我不需要再挽留你了。”

“你没有在挽留我啊，”我说，“我在挽留你。我想知道那些烟里为什么有你的名片？”

他耸耸肩，“我的名片可以给任何人，我不会给我朋友大麻的。你的问题仍然很蠢。”

“我想这样说是不是更明白点。那些烟装在一个便宜的中国或日本的仿玳瑁盒子里。你见过吗？”

“没，我不记得有。”

“我说得再明白点。那个烟盒是在林赛·马里奥特口袋里发现的。你听说过他吗？”

他想了想。“是，我曾经给他治过怕摄像机的病症。他想进入电影界。不过他是在浪费时间，他不是那块料。”

“我可以想象得到。”我说，“他拍出来估计像伊莎多拉·邓肯（Isadora Duncan）。我还有个问题，你为什么要给我一百元？”

“我的马罗先生，”他冷冷地说，“我又不是傻子。我从事的是很敏感的职业——江湖医生。这就是说我做的是那些胆小的医生不敢做的。别人随时都会对我构成威胁——特别是你这种。我只是处理危险前评估了一下而已。”

“我这事微不足道吧？”

“小得不能再小了。”他客气地说。他左手做了个奇怪的手势，这把我的注意力吸引过去，然后他慢慢地把手放到白色桌子上，看着它。接着他又抬起那深邃的眼睛，把胳膊交叉放在桌上。

“你听——”

“我闻到了，”我说，“我没想到是他。”

我向左转过头去，那个印第安人坐在黑丝绒下面第三个白色凳子上。

他穿上了一件白色罩衫，把其他衣服都盖住了，他一动不动地坐在那里，闭着眼睛，头向前微倾，好像是已经睡了一个小时了。他黝黑的脸上全是阴影。

我转回头来看着埃莫森。他又在微笑，不能再小的微笑。

“我打赌他那样能把老太太的假牙吓掉，”我说，“他到底是干啥的？难道是坐在你腿上唱法国国歌？”

他做了个不耐烦的手势，“请说重点！”

“昨晚马里奥特雇我跟他一起去办一件事情，是去劫匪指定的地点付一笔赎金。我在那里被人从背后打晕了，当我醒过来，马里奥特已经被谋杀了。”

埃莫森的脸上没有起一点波澜，也没有喊叫，更没有手足无措。不过他的反应对他来说已经算是很剧烈了。他拿起交叉着的胳膊，又换了另一个姿势。他嘴上的表情看起来很冷酷。现在他又静止地像是公共图书馆门前的石狮子一样。

“那些烟就是在他身上找到的。”我说。

他冷冷地看着我说：“我想不是警察找到的，因为警察还没来过。”

“没错。”

“那一百元，”他平静而柔和地说，“看来是不够。”

“那取决于你想要买什么。”

“你把那些香烟都带来了吗？”

“只带了一支。不过这证明不了什么，就像你说的，任何人都可以拿到你的名片。但是我只是想知道它们为什么在那里边。你是怎么看的?”

“你对马里奥特了解多少?”他轻声问。

“一点也不了解。但是我对他有一些认识，因为它就暴露在外面。”

埃莫森轻轻地敲着白桌子，那个印第安人仍然低着头，闭着眼睡着。

“顺便问一下，你认识格雷夫人吗?她是贝城的一个富婆。”

他点点头，有点儿心不在焉。“是的，我治疗过她的说话问题，她稍微有点儿语言障碍。”

“你真是治得不错，”我说，“她现在说话跟我一样好。”

他根本就不为这所动。他还在敲着桌子，我听着这敲击声。我不喜欢这敲击声，听起来好像是暗号。他不再敲桌子了，又交叉着胳膊，身体有点儿后仰。

“这次我比较喜欢的一点就是你们互相认识，”我说，“格雷夫人也认识马里奥特。”

“你是怎么查到的?”他不紧不慢地说。

我没有说话。

“关于那些香烟的事你会告诉警察吧。”他说。

我耸耸肩。

“估计你在想我到现在为止为什么没有把你扔出去，”埃莫森说，“普澜汀二世拧断你的脖子跟拧断一根芹菜杆一样轻松。我也在想我为什么没把你扔出去，你好像有很多推理。我从来都不会付勒索金，什么都买不回来，而且我有很多朋友可以帮我。但是理所当然的总是有各种各样的原因使我看起来很坏。心理医师、性爱大师、神经病专家、手里拿着橡胶锤和书架上摆着医学著作的污秽小人，当然他们是医师，而我只是一个江湖医生。你的推理是什么？”

我试着用眼神击败他，但是没起任何作用。我感觉到我在舔嘴唇。

他微微地耸耸肩，“我不会责怪你保留自己的想法，这件事我必须好好反思一下。也许你比我想的要聪明。我也会犯错，同时——”他向前倾了倾，双手抱着那个乳白色的球。

“我觉得马里奥特是一个专门敲诈女人的敲诈犯。”我说，“还是一个珠宝抢劫团伙的眼线。但是是谁告诉他哪个女人适合下手呢？这样他就知道她们的行踪，慢慢跟她们接触熟悉，向她们示爱，让她们戴着名贵的首饰出来，然后溜出去打电话告诉同伙在哪里下手。”

“这，”埃莫森警惕地说，“就是你对马里奥特的印象，也是对我的。我有点儿想吐。”

我向前探探身，我的脸离他的脸不到一尺。“你也牵扯到这个敲诈案里。不管你怎么遮掩，这还是宗敲诈案。埃莫森，不只是因为你的名片，就像你说的任何人可以有你的名片；也不是因为大麻，你不会做那么低档的行当。但是每个名片背面都有个空白处。在空白处，甚至是有字的地方，都有一些隐形的文字。”

他脸上露出阴冷的笑，但几乎觉察不到。他的手指在那个乳白色球上移动。

灯关上了，房间伸手不见五指。

22

我迅速把凳子往后一踢，站了起来，想把枪从胳膊下面的枪套里拿出来。但是大事不好，我的外套还系着纽扣，而且我速度太慢。每次要朝某人开枪时，我的动作总是太慢。

接着我感觉到了空气的冲击和随之而来的臭味。在这种漆黑的环境中，那个印第安人从我身后袭击了我，拧住了我的胳膊，然后把我举起来。这时我还是可以拿出枪来，对着房间乱射一通的，但是现在我只身一人，我要是这么做就太不明智了。

我没有伸手掏枪，而是伸手去抓他的手腕，但是它们滑溜溜的很难抓住。那个印第安人用嘴巴喘着气，猛地把我脸朝下放到地上，然后反过来抓住我的手腕。他迅速地把我的胳膊拧到后背，再用石头一样硬的膝盖顶住我的后背。他另一只手抓着我的脖子往后弯，我又不是市府大楼，我可以弯曲，他就让我这么弯着。

我本能地想喊，喉咙虽在喘着气，却喊不出来。那个印第安人把我扔到一边，当我摔倒地上的时候，他又用剪刀脚绞住我的身体，用双手掐住我的脖子。现在有时我晚上醒来，还感觉他在掐着我的脖子，闻着他那恶臭味，感觉到难以呼吸，那双滑溜溜的手在掐着我；然后我起床，喝上一杯，听听收音机。

我差点儿死过去，这时灯又亮了。我感觉灯光是血红色的，因为我的眼睛里面已经充血了。一张脸在我面前飘来飘去，还有一只手轻轻地摸着我，但是还有两只手掐着我的脖子。

一个声音柔和地说："让他稍微喘点气。"

他的手指放松了，我想挣扎着摆脱它们。一个闪闪发光的东西敲了我嘴边一下。

那个声音柔和地说："让他站起来。"

那个印第安人把我提起来，让我背对着墙面，还用两只手抓着我的手腕。

"这是个外行。"那个声音柔和地说。那个发亮的又硬又冷的东西打在我的脸上。我感觉嘴角一股暖流，我舔了一下，又腥又咸。

一只手在摸我的钱包，接着又搜我身上的口袋。那个包着香烟的纸包被翻了出来，打开了。我模糊地看到它被放到我的前面。

"那里面一共有三根香烟吗?"那个声音轻轻地问。那个发亮的东西又打了我嘴边一下。

"三根。"我咽了一口唾沫说。

"那些在哪里?"

"在我办公室的办公桌里。"

那个发亮的东西又打了一下。“你可能在撒谎，不过我会找到的。”我面前好像有一串发着微弱红光的钥匙。那个声音说：“掐紧点。”

那个“铁爪”好像要抓进我的喉咙里。我假装避开他的臭味和坚硬的腹肌，背对着他。我伸手抓住他的一根手指，想扭弯它。

那个声音说：“不错，他在学你。”

那个发亮的东西又打了我的嘴角。

“松手吧，他已经被制服了。”那个声音说。

那两只强壮的胳膊松开了，我向前一个踉跄，往前迈了一条腿，好不容易才站稳。埃莫森梦幻般地站在我面前笑着，他用那鲜嫩的手拿着我的枪指着我的胸膛。

“我可以教训你。”他轻轻地说，“但是有必要吗？一只卑微世界里的小爬虫，就算给你一枪，你还是那样。不是吗？”他笑着，感觉那么美。

我用所有的力气一拳打在他的笑脸上。

这不比我预想的差很多，他的身体一晃，鼻孔里都流出了血。然后他又拉回身体，站直，举起枪来。

“坐下，小子。”他柔和地说，“我马上有客人。我非常高兴你打了我，这正好帮了我的大忙。”

我摸到白色凳子坐下来，把脑袋放在白桌子上的乳白色灯一边，它现在发出柔和的灯光。我把脑袋侧着，看着它。这灯光吸引了我，美好的灯光，美好而又柔和的灯光。

我周围没有任何声音，静静的。我想我要睡着了，就这样睡着了，把血淋淋的脸放在桌子上，一个又瘦又俊俏的魔王对着我笑，手里还拿着我的枪。

23

“好了，你不要再拖拉了。”那个印第安人说。

我睁开眼，坐了起来。

“去另一个房间，‘亲爱的’。”

我神志不清地站起来。我们通过一扇门去了一个什么地方。我想看明白这是哪里——四面都有窗的接待室，不过现在外面已经黑了。

那个带着很多不得体戒指的女人坐在她的办公桌后面，边上还站着一个男人。

“坐在这里，‘亲爱的’。”

他把我推过去坐下。这是一把非常不错的椅子，很直，很舒服，但是我没有心情去享受它。那个坐在桌子后面的女人拿着一个打开着的笔记本，大声读着上面的东西。一个胡子灰白的矮老头面无表情地听着她说话。

埃莫森背对着房间站在窗户边看着远处平静的海面，而且视线越来越远，穿过码头的灯光，到达世界的边缘。他看海的神情使人感觉他好像很喜欢它。他扭着头看着我，我可以看到他脸上的血已经被清洗干净了，但是鼻子肿了两倍。这让我忍不住笑了，笑得浑身疼。

“你觉得很好玩，伙计?”

我看着那个说话的人——那个站在我面前的人，那个把我扶过来的人。他有两百磅重，像是被吹出来的。他的牙齿上面有斑点，声音像是马戏团揽客者一样圆润。他非常结实、敏捷，没有人可以摆布他。他应该是那种晚上不做祷告，而是朝警棍上吐唾沫的警察，不过他有双幽默的眼睛。

他站在我面前，长着弓形腿，手里拿着我的钱包，用手指刮着钱包，好像是他喜欢搞破坏。如果没有什么可以刮的话，脸也是很好的破坏物。

“私人侦探，哈，伙计? 从大城市来，哈? 来敲诈来了，哈?”

他戴着一顶帽子，帽檐朝后。他前额上的汗水把脏兮兮的棕色头发染得更深了。他的眼睛里布满血丝。

我拿手摸了摸喉咙，感觉像是被轧布机轧过一样难受。那个印第安人的手像钢爪一样。

那个女人读完了笔记本上的东西，合上笔记本。那个长着灰白胡子的小老头点点头，然后走到跟我说话的那个人后面。

“警察?”我揉了揉下巴问道。

“你以为呢? 伙计。”

这是警察常用的幽默方式。那个长着灰白胡子的小老头用一只眼看着我，另一只眼睛闭着。

“你们不是洛杉矶（L. A.）的警察。”我看着那个胡子灰白的小老头说，“在洛杉矶，仅凭那只眼就被炒了。”

那个大号的警察把钱包递给我。我检查了一下，钱分文未少，名片也在，里面的东西也都在。这让我感到有点儿诧异。

“说点儿什么吧，伙计。”那个大号警察说，“说点儿我们感兴趣的。”

“把枪还给我。”

他向前探探身，想了想。我看见他在思考，好像很苦恼。“你想要你的枪，伙计?”他看看边上的灰白胡子小老头。“他想要他的枪，”他跟灰白胡子小老头警察说。他又看着我，“那么你想要枪干什么？伙计。”

“我想杀一个印第安人。”

“哇，你要去杀一个印第安人，伙计。”

“对，就一个印第安人。砰……”

他又转过头去看着灰白胡子小老头。“这个家伙很强硬，”他跟灰白胡子小老头警察说，“他想去杀一个印第安人。”

“听着，海明威（Hemingway），不要重复我说的每一句话。”我说。

“我想这个家伙疯了。”那个大号警察说，“他刚才竟然叫我海明威，他是不是疯了?”

那个灰白胡子小老头含着支烟没说话。那个站在窗边又高又漂亮的男人慢慢转过身来，轻声说：“我想他可能有点儿精神失常。”

“我实在想不出他为什么叫我海明威。”那个大号警察说，“我不叫海明威。”

那个灰白胡子小老头警察说：“我没有看见枪。”

他们看着埃莫森。埃莫森说：“在里面，我收起来了。我一会儿给你。布林先生。”

那个大号警察弯下腰，膝盖稍微弯曲，对着我的脸说：“你为什么叫我海明威？伙计。”

“这里还有女士在。”

他又站直，“你看。”他看着灰白胡子小老头。灰白胡子小老头点点头，然后转身穿过房间。那扇滑动门开了，他走了进去，埃莫森跟在他后面。

房间里静悄悄的，那个女人皱着眉低头看着桌面。那个大号警察看着我的右眉毛，很困惑地慢慢摇着脑袋。

那扇门又打开了，那个灰白胡子小老头回来了。不知他从哪里拿了顶帽子递给我，然后他又从口袋里拿出我的枪递给我。我掂了一下分量，就知道枪里面是空的。我把它放到胳膊下面，站起来。

那个大号警察说：“我们走，伙计。离开这里，我想外面的空气能让你感觉好受点儿。”

“好的，海明威。”

“他又这样了。”那个大号警察遗憾地说，“他叫我海明威是因为有女人在，是不是在他的字典里这是脏话?”

那个灰白胡子小老头说：“快点!”

那个大号警察拉着我的胳膊走向那个小电梯。电梯上来了，我们进了电梯。

24

我们到了一楼，出了电梯，沿着那个狭窄的走廊走出了那扇黑色的门。外面的空气清新凉爽，而这里很高，海雾吹不上来。我深深地呼吸着这里的空气。

那个大号警察还拉着我的胳膊。那里停了一辆黑色汽车，挂着私人牌照。

那个大号警察打开前面的车门抱怨道："伙计，虽然这配不上你的派头，但是一点儿新鲜空气可能会使你感觉好受点儿。你觉得行吗？我们不想做你不想让我们做的事，伙计。"

"那个印第安人在哪儿？"

他轻轻摇头，然后把我推进车里。我坐在副驾驶座上。"哦，对，那个印第安人，"他说，"法律规定你可以用弓箭射杀他，我们把他放在后面。"

我回头看了一眼车后座，没人。

"浑蛋，他不在这里。"那个大号警察说，"他一定是被人偷偷地放走了。没锁的车上就是不能放东西。”

“快点!”那个灰白胡子小老头说着坐到车后座。海明威转到另一边上车了，他那大肚子顶着方向盘，启动了汽车。我们掉头沿着那条有野生天竺葵的道路下山了。我感受着从海边吹来的凉风，看着遥远的星星。他们没有说话。

我们到了那条直道的最下面，然后转进那条水泥山路，不紧不慢地往前走着。

“你没有车是怎么来的，伙计?”

“埃莫森派车接的我。”

“为什么?”

“肯定是他想见我。”

“这家伙脑子还没坏，”海明威说，“他的脑子还在转。”他向车外啐了一口痰，然后漂亮地转了个弯，继续下山。“他说你给他打电话，想敲诈他，所以他想他最好看看跟他打交道的是什么人——如果他是在打交道的话。所以他派车了。”

“因为他知道他会叫一些他认识的警察来，所以我就不需要自己的车回家了。”我说，“是吧，海明威。”

“你又这样。他在桌子底下放了录音机，他的秘书把你们的谈话内容都录下来了。我们到达那里后，她把录音内容读给这位布林先生听。”

我回头看了一眼布林先生。他在吸烟，显得非常平静。他没有看我。

“她的确是念给他听了。”我说，“但那八成是他们为了应对这种情况而提前准备好的虚假证据。”

“即便如此，或许你也有兴趣告诉我们，你是出于何种原因才去见这个家伙的?”海明威彬彬有礼地问道。

“那依你的意思，如果我不说，是不是我的另半边脸也保不住了?”

“啊，在你眼里我们是那种人吗?”他一边说着，一边摆了个夸张的手势。

“听说你和埃莫森私交不错?这是真的吗，海明威?”

“哪里?布林先生倒是和他有些交情，至于我嘛，只不过是奉命行事，仅此而已。”

“那么谁是那个该死的布林先生?”

“喏，就是后边座位上的那位。”

“就是坐在后座上的那个?他算是个什么大人物啊?能耐很大吗?”

“噢，我的老天爷，连布林先生都不认识的人想必也没有几个吧!”

“行吧!”我嘴上这么说着，突然间感到非常疲倦。

接下来又是一阵死一般的沉默。车子绕了好几个转弯，前方依然还是蜿蜒盘旋的水泥山路。四周还是看不到头的黑夜，我却觉得浑身越发疼痛了。

大号警察首先打破了沉默:“既然现在大家都已经互相认识了，而且现在在场的又没有女士，我觉得再讨论你去哪里干什么一点儿意义都没有。不过，我倒觉得‘海明威’这三个字有点儿意思。”

“这不过是个玩笑而已，”我说，“一个很古老的玩笑。”

“不管怎么说，我好奇的是这个叫‘海明威’的人到底是谁?”

“一个总是重复一样的话，直至你相信那句话是好话的人。”

“那一定得花很多时间，”大号警察说，“作为一个私人侦探，你脑子真活跃。你的牙齿还都在吗?”

“嗯，不过补过几颗。”

“好吧，你真的很幸运了，伙计。”

后边的家伙说：“行了，下个路口右转。”

“收到。”

海明威把汽车开到一条山脚下的小土路上，又往前开了一英里，山间的草味越来越明显了。

“就这里。”后面的家伙说。

海明威停下车，拉好手刹，探过身子来把我这边的车门打开。

“就这样吧，伙计，很高兴认识你。不过别再来了，至少别再因为生意而来，下去吧。”

“我从这里走回家吗?”

后座上的家伙说：“快点。”

“对，你得从这里走回家，伙计。没问题吧?”

“没问题。我正好独自想点儿事。例如，你们不是洛杉矶的警察，但是你们可能有一个是警察，也可能两个都是。我觉得你们是贝城的警察，我很奇怪你们为什么管你们辖区外的事情。”

“这个好像不好证实吧？伙计。”

“晚安，海明威。”

他没有接话，他们两个都没有。我准备下车，把一只脚放在脚踏板上，身体前倾，还是有点儿头晕。

后车座上的那个家伙快速地做了一个动作，我没看清楚，但是感觉到了。一个黑洞出现在我脚下，那么深，比黑夜黑多了。

我掉了进去，这简直是个无底洞。

25

房间里全是烟。

这些烟飘在半空中，一条条地垂着，像是窗帘上的吊珠一样。那边墙上好像有两扇开着的窗户，不过这些飘着的烟没有动。这个房间好陌生，而且窗户上还装着防盗网。

我的大脑晕乎乎的、空荡荡的，感觉好像睡了整整一年。那些烟让我感到很不舒服，我躺着琢磨那些烟。过了好长一段时间，我做了个深呼吸，不过感觉我的肺好疼。

我大叫："着火了!"

我喊完就笑了，我也不知道为什么笑了，但是我确实是笑了。我躺在床上笑着，疯子般地笑着，这笑声让我感到很讨厌。

我只叫了一声，就听到外面有砰砰的脚步声，然后是钥匙开门声。门开了，一个男人进来关上门，右手掐着腰。

他又矮又胖，还穿着一件白袍。他的双眼黑黑的、平平的，还带着奇怪的眼神，眼角上还有一些灰色的小泡泡。

那个枕头硬邦邦的，我向他这边转过头来，打了个哈欠。

“不要介意，杰克。我不是故意的。”我说。他皱着眉头站在那里，右手在右屁股边摸索着。他的脸呈绿色，还怀有敌意；眼睛是黑黑的，皮肤是灰白的，还有像贝壳一样的鼻子。

“你还想再穿点约束衣①?”他讽刺地说。

“我没事，杰克，非常好。我睡了好长时间，没记得做什么梦。这是哪里?”

“非常适合你现在状况的地方。”

“这里很不错，”我说，“人好，空气也好，我想我得再睡一觉。”

“再好不过了。”他说道。

他走出去，关上门，又锁好门，脚步声慢慢消失了。

他没有动那些烟雾，因为我看到它们还飘在空中，满满都是。它们像窗帘一样，不消散，也不流动。房间里还是充满空气的，我的脸能感觉到它们在流动，但是那些烟雾却不动，好像是上千只蜘蛛编制的灰色网。我想，他们从哪里捉的蜘蛛?

我身上穿着县城医院里的那种棉线法兰绒病号服。这种病号服身前没有开襟，缝制粗糙，质地也不好，领子磨得我脖子不舒服。我仍然感觉到脖子非常疼，这让我想起来一些事情。我又用手去摸了脖子，一摸更疼。就一个印第安人，砰！嗯，海明威，那么你想成为一名侦探吗？赚钱多，只需

① 约束衣主要用于犯人，精神病患者，或因病症、疼痛而发狂的人。用约束衣可以使工作者更顺利地进行工作或治疗。——译者注

简单的九节课程。我们提供侦探徽章，加五十分送捆手扎带。

我能感觉到脖子很疼，但是摸它的手指没有知觉。这好像不是我的手指，而是一串香蕉。我看了一眼手指，它们看起来还是手指；不好，这应该是邮寄来的手指，肯定是跟徽章、扎带一起寄来的，还有侦探毕业证书。

现在肯定是夜里了，窗户外面已经是漆黑一片了。一个玻璃瓷碗用三根青铜链子吊在天花板中间，而且里面发出光，它的边上有一圈橙蓝交替的突起。我盯着它们看。我已经看够了那些烟雾了。这时，那些突起像舷窗一样开了，很多脑袋探出来，很小的小脑袋，但是会动的，就像玩具娃娃的脑袋一样，但是是活的。他们中间有个男人戴着帆船帽，有着尊尼获加①（Johnnie Walker）鼻子；还有个头发蓬松的金发美女，戴有漂亮的帽子；还有一个领结皱巴巴的瘦男子，他看起来像海滨度假小镇的侍者，张开嘴巴轻蔑地说道：“先生，你的牛排要几分熟?”

我用力闭上眼，又眨眨眼，再睁开眼，看到的只有用三根青铜链子吊着的玻璃瓷灯罩。

但是那些烟雾还是在流动的空气中一动不动。我拿起粗糙的床单角擦了一下脸上的汗。我那没有知觉的拿床单的手指，是在我预付了一半学费又学了九节简单的课后，函授学校邮寄给我的。他们的邮寄地址是爱荷华州（Iowa）锡达城（Cedar City）二四六八九二四邮箱。疯子，彻头彻尾的疯子。

我慢慢地从床上坐起来。过了一会儿，我可以慢慢地用脚接触到地面了。我光着的脚像是扎满了针一样的刺疼。夫人，左边柜台卖针线别针带扣类，右边柜台卖别针。我的脚

---

① 尊尼获加，世界十大名酒之一，酒中极品。——译者注

能感知到地板了，我开始试着慢慢地站起来。但是我还差得太远，不得不弯下腰，大口喘着气，用手扶着床。我好像听到从床底下传出来一个声音，重复着说："你被灌药了……你被灌药了……你被灌药了。"

我开始像个醉汉一样晃晃悠悠地往前迈步。那两扇带着防盗网的窗户下方中间有张白色烤漆小桌子，上面放着一瓶半满的威士忌，从外观上看还不错。我朝威士忌走过去。世界上还是好人多啊，你可能对着早报臭骂一顿；也可能在电影院里因不小心踢了你旁边的人一脚而感觉到不好意思；也可能对那些政治家感到失望，为之感到无耻和害臊；但是世界上还是好人多。那个把威士忌放在这里的家伙，他有梅·韦斯特[①]（Mae West）屁股一样大的胸怀。

我抓住威士忌，用两只只有一半知觉的手抱住它。我把威士忌举到嘴边，出了一身汗，跟举起金门大桥[②]（Golden Gate bridge）似的。

我不雅观地喝了一大口，然后非常小心地把酒瓶放下，还用舌头尽量舔了一下下巴。

这瓶威士忌的味道有点儿怪怪的。就在我觉得味道怪怪的时候，我发现墙角有个洗手盆。我踉跄着向它走去，刚到洗手盆旁边，就吐了。

时间在一分分流逝。我感觉到反胃，很难受，摇摇欲坠地抓着洗脸盆的边，然后像动物一样大声呼救。

我总算好些了，又摇摇晃晃地走到床边，然后躺下，大

---

① 梅·韦斯特凭着天赋身材红极一时，是 20 世纪 30 年代中期美国薪酬最高的女人，人们称她为"银幕妖女"。——译者注

② 金门大桥是世界著名大桥之一，被誉为 20 世纪桥梁工程的一项奇迹，也被认为是旧金山的象征。——译者注

口喘着气。我看着那些烟雾，已经没有原来清晰了，也不再那么真实，说不定它们只是我眼睛中的杂物。突然，那些烟雾全都消失了，那盏挂在天花板上的玻璃瓷灯把房间里的每一样东西都照得清清楚楚。

我又坐起来，看到门口附近摆着一把沉重的木头椅子。那边还有一扇门，就在那个白大褂男人进来的门旁边，估计是衣橱门，我的衣服说不定就在那个衣橱里。房间里地板上铺着绿色和灰色方块交替的地毯，墙是白色的，非常干净的房间。我坐着的床是张窄的医用铁床，比正常的床矮一些，而且床两边都有皮环扣，那是用来绑手脚的。

这是一个很棒的房间——如果能出去的话。

现在我全身的知觉都恢复了，脑袋、脖子、胳膊全都开始感觉到疼痛。我想不起胳膊是怎么被弄伤的了。我挽起病号服的袖子，模糊地看着它，从胳膊肘到肩部全是针孔，而且每个针孔上都贴着一个二十五分硬币大小的透明纱布。

那是麻醉剂。他们给我注射了麻醉剂，让我保持安静。他们说不定还给我注射了镇静剂，好让我能说话。他们一次给我注射了过量的麻醉剂，幸亏我身体够硬能扛过来。有的人能扛得住这么多麻药，有的人就扛不过来，要看个人的体质。

我终于明白为什么会看到那种烟雾，还有从灯罩里探出的脑袋，还有那些不明来路的声音，古怪的想法，捆手扎带，防盗网，没知觉的手脚，等等。那瓶威士忌很可能是他们故意放在那里的，这样我醒了就可以喝下去，继续昏睡。

我使劲站了起来，不过差点儿就碰到墙上，这让我不得不又躺下，过了很长时间才渐渐呼吸平稳。我全身都感到刺疼，而且全身冒汗。我能感觉到汗珠从额头沿着鼻子两边淌到嘴边，我还可笑地用舌头舔了舔。

我又试着坐起来，慢慢把脚放到地上站起来。

“没问题的，马罗，”我咬着牙说，“你非常坚强，是个七尺铁血男子汉。你洗完澡净重一百九十磅，肌肉硬实，下巴坚挺，你可以的。你曾被敲晕两次，差点儿被拧断脖子，差点儿被人用枪托把下巴打烂，还被注射了过量麻药，差点儿被弄成疯子，但这又算个屁？家常便饭。现在让我们看看你有多厉害，先把裤子穿上。”

我又倒在床上。

时间在一分一秒地流逝，我没有表，也不知道过了多久。就算是有表，又有什么用呢？

我再次坐起来，越来越疲倦。我又站起来，开始往前迈步，这样走路可一点儿都不好玩，心跳得像是有兔子在蹦。我现在最好躺下来再睡一觉，最好休息一会儿。你的身体状况不大好啊，伙计。好吧，海明威，我很虚弱，现在都没有力气打碎一个花瓶，剪一个手指甲。

没门，我要走！我很坚强！我要离开这里！

我再次倒在床上。

第四次站起来就好一些了，我在房间里来回走了两趟。我走到洗脸盆边，洗了一把脸，身体倚在洗手盆上，用手捧起水来喝。我又继续喝了几口，暂停了一会儿，又喝了很多，身体感觉好多了。

我不停地走。

一停不停地走了大约有半个小时，我感觉到膝盖发抖。我的大脑还是清醒的，又喝了很多的水，大量的水。我在喝水的时候，几乎要叫起来。

我又走到床边。这是一张美丽的床，铺满了玫瑰花瓣，可以说是世界上最美的床。他们一定是从卡洛尔·隆巴德[①]（Carole Lombard）那里弄来的，这张床太软了。拿我的余生换这床上的两分钟都值，超美的床，闭着超美的眼睛，垂下的眼睫毛，温和的呼吸声，黑暗的环境，在这柔软的枕头上长眠。

我继续走。

他们兴建了金字塔，然后又看烦了，就把它们推倒，用拆掉的石头平地而起建起了胡佛水坝，这样就把水引到阳光明媚的南方，也引来了洪水。

我一边走一边想，我不能胡思乱想。

我做好找人谈谈的准备了，就停止了脚步。

---

① 卡洛尔·隆巴德，20 世纪 30 年代好莱坞最有才华的女星之一。——译者注

26

衣橱被锁住了，那把沉重的椅子对我来说太沉了，肯定是他们故意放在这里的。我拽下床单，把床垫拉到一边。出现在面前的是一张弹簧网，每根弹簧都有九英寸长，是又黑又亮的金属弹簧。我专心弄一根弹簧，以前可没做过这么难的事。过了十分钟，我的成果是两根流着血的手指和一根弹簧。我挥舞了一下弹簧，沉甸甸的很不错。

然后我看了一眼对面的威士忌，它会派上用场的，我差点儿忘了。

我又喝了些水，然后坐在弹簧网上休整了一会儿。我走到门口，冲着门边的缝隙大喊：

“着火了！着火了！着火了！”

我非常惬意地等了一小会，外面走廊里传来了很重的跑步声，接着是钥匙插入锁芯的声音，然后是开锁声。

那扇门被猛地推开了，我站在门后。他手上拿着一根五英寸长的包着棕色皮革的铁棍，看了一眼那张光秃秃的床，然后环视房间。

我咯咯地笑着用弹簧打到他的头上。他应声倒地，我又用弹簧打了他两下。我从他无力的手里拿过铁棍，他哀号一声。

我再用膝盖抵住他的脸，硌得我膝盖生疼。我还没等他大叫出来，就用铁棍把还在呻吟的他打晕了。

我把门上的钥匙拔下来，然后把门反锁上。我开始搜身，发现他身上有很多钥匙，其中一把是衣橱的钥匙。衣橱里挂着我的衣服，我检查了一下东西，发现钱包里的钱没有了。我走到那个穿白大褂的人身边，摸了摸他的口袋，里面有很多钱，这不像是他这种工作能拥有。我拿回我的钱，然后把他弄到床上，又用床边的皮扣环把他的手脚捆上，再把他的嘴里塞满床单。他的鼻子已经被打出血了，我又等了好长时间，确保他还能用鼻子呼吸，才离开。

我为他感到惋惜，他只是为了保住工作和薪水而勤恳干活的小喽啰。他说不定还有老婆孩子，这太糟了。他唯一的防身武器就是一根铁棍，这对他太不公平了。我把那下了药的威士忌放在他能够到的地方，前提是他的手没被绑住。

我拍拍他的肩膀，都快为他惋惜地流泪了。

我所有的东西都在衣橱里，包括枪套和枪，但是枪里面没有子弹。我用颤巍巍的手穿上衣服，又打了个大哈欠。

他还静静地躺在床上。我把他锁在里面走了。

这是一条宽阔而又安静的走廊，还有三间关着的门，门里面都很安静。一条酒红色的地毯铺在走廊中间，走廊跟门里面一样安静。走廊的头上有一个小弯道，右边通向另一条走廊，这条走廊通向白橡木老式楼梯。这个楼梯通到楼下走廊，楼下走廊尽头是两扇彩色玻璃门，地面上也铺着地毯。一道亮光从一扇掩着的门缝里漏出来，那里也没有动静。

这是一栋老得不能再老的房子，现在不会再有人建这么老式的房子了。我想这座房子的前面可能是一条安静的街道，而且房子前面种满了花，其中一边是玫瑰花。那玫瑰在明媚的加州（California）阳光照射下，格外地亲切、冷静、闲适。但是谁会在乎房子里面的事呢，只要不要让里面的人喊的声音太大就行。

我正要准备抬脚下楼时，听到一个男人的咳嗽声。吓得我立刻环顾四周，我发现另一条走廊尽头有扇半开着的门。我踮着脚沿着走廊走过去，在那半开的门边等着。里面照出的光线，洒在我的脚上。里面有传来了咳嗽声——一声发自胸腔的沉闷的咳嗽，但听起来很平静轻松。这可不管我的事，我最要紧的是抓紧溜出去，不过我好奇里面的人是谁。他可能是个不一般的人，那种值得摘掉帽子致礼的人。我又向门口靠近了一点，里面传来翻阅报纸的声音。

我现在能看到房间的一部分，从里面家具来看，应该是一个办公室或者什么别的房间，至少不像牢房。这里面摆着一张黑色的办公桌，上面还放着一顶帽子和一些刊物，窗帘是蕾丝边的，铺着很不错的地毯。

房间里面的弹簧垫子嘎吱嘎吱响，上面应该是躺着个大家伙，就跟他的咳嗽一样。我用手指尖慢慢地把门推开一点，什么动静也没有。我慢慢地把头移过去，看里面的情况，看到整个房间里面有一张床，床上躺着一个人，烟灰缸里满满的烟屁股都溢出来了，落到床头柜和地毯上，床上放满了报纸。一张大脸藏在一双大手拿着的报纸背后，只能通过绿色报纸的上面看到他一头浓密的黑色鬈发，还可以看到窄窄的一绺白色皮肤。那张报纸动了一下，我屏住呼吸，但是躺在床上的那个人没有抬头。

他需要修理一下胡须了，他属于那种总是让人感觉到需要修理一下胡须的人。我以前在中央大街上那个黑人区的弗罗里安见过他。我见到他时，他穿着一件大运动服外套，而且衣服上那白色纽扣大得简直能跟高尔夫球有一拼，手里还拿着一杯威士忌酸酒。当时他像拿着一支玩具枪似的拿着一支军用柯尔特枪，从一扇破门里不慌不忙地走出来。我还见他做了一些无法挽回的事。

他又咳嗽一声，一边打着哈欠一边翻了个身，接着伸手去拿床头柜上的香烟。他抽出一支香烟放到嘴里，用食指和大拇指夹着一根火柴点燃了，烟从他的鼻孔里冒出来。

“啊！”他说着把那份报纸举在面前。

我悄悄地从他那里走开，沿着走廊回去。看来驼鹿马洛依先生活得很逍遥。我走到楼梯那里，下楼去了。

我听到那扇掩着的门后有低语声。我静静地站在那里想听听搭话的声音，但是没有。我走近那扇门听了听，原来是里面的人在打电话。那个人的声音很低，近似于喃喃，我什么也没听明白。我最后听到了一声挂电话声，然后里面又重归寂静了。

我必须得离开了，走得远远的。我轻轻推开那扇门，走了进去。

27

这是一间整齐的不大不小的很专业的办公室，里面有一个带着玻璃门的书柜，上面摆着很多又厚又重的书；墙上挂着一个急救箱；一个白色珐琅和玻璃组成的消毒柜，有很多针头和注射器在里面煮着；一张大办公桌，上面放着一丁点儿东西，有记事本、青铜切纸机、一套钢笔、一本预约本等，再就是一个胳膊肘。那个男人正用手托着腮沉思。

在那伸展着的黄色手指中间，我看到跟潮湿的沙子一般颜色的头发，那么的顺滑，跟画的一样。我又往前走了几步。他一定是沿着桌子边沿看到了我移动的鞋子，而发现了我，然后抬起头看着我。他无色的眼睛陷得很深，脸色像羊皮纸。他把托着脸的手拿开，慢慢地往后仰了仰，面无表情地看着我。

接着他又无助地摊了摊手，明显是不喜欢的手势。当他的双手又放下来时，有一只手非常靠近桌子一角。

我立刻往前两步，并拿出铁棍来，但他的食指还是在慢慢地向桌角移动。

“今晚那个报警器救不了你，”我说，“我已经让你们的保镖‘睡觉’了。”

他的眼睛有点儿迷离：“你应该是个非常虚弱的人，非常非常虚弱的人。我不建议你起来。”

我说：“你的右手！”我迅速用铁棍敲过去，它像一条受伤的蛇一样缩了回去。

我咧着嘴笑着转到桌子后面，其实没有什么值得笑的。当然，他的抽屉里还有一把枪，他们总是把枪放在抽屉里，但是每次他们要拿它时都太晚了，就算他们能摸到它也为时已晚。我把他抽屉里的枪拿出来，那是把普通的三八口径的自动手枪，比我的稍逊色点，但我还是可以用它的子弹。抽屉里没有别的东西，我把他手枪里的子弹拿出来。

他略微动了一下，眼睛还是那么幽深而暗淡。

“你可能还在地毯下面藏着报警器，”我说，“总部的行政办公室可能正在响铃呢。你最好别按，我是个非常粗暴的人，只要一个小时内有人从门口进来我就让他进棺材。”

我把他手枪的子弹全取了出来，装到了我的手枪里。我射出他枪膛里的弹壳，然后把它放下。我把我的手枪上膛，又回到桌子前面。

门上有弹簧锁，我后退着把门关上，直到听到锁上的咔嗒声，我再把门闩好。

我走回办公桌前，坐在一把椅子上。我已经把最后的一点儿力气用完了。

“威士忌。”我说。

他开始乱动他的手指。

“威士忌!”我说。

他走向那个医药柜，拿了一个光面的贴着绿色标签的瓶子和一个杯子。

“两个杯子。”我说，“我尝过你的威士忌，差点儿去了卡特琳娜岛[①] (Catalina Island)。”

他拿了两个小杯子，打开酒瓶，把两个杯子倒满。

“你先。”我说。

他微微一笑，端起了一个酒杯。

“先生，你的身体怎么样了。”他喝了酒，我也喝了。我拿过那个酒瓶放到我身边，等着酒的热量到达我的心间。我又感觉到心开始跳动了，它终于回到了我的身体里，不再悬在外面。

“我做了个噩梦。”我说，“我梦见我被锁住禁闭室里，绑在床上，还被注射了麻药。我变得非常虚弱；我只能睡觉，没有吃的，成了一个病夫。我把那个人敲晕，然后把他绑到床上，就像他对我那样。他们找了我很多麻烦，我可不值得找那么多麻烦。”

他看着我，没有说话。他正在思考，好像是他在想我还能活多长时间。

“我醒过来，屋子里全是烟雾。”我说，“不过那只是幻觉，你这样的人可能会叫它——视觉神经刺激。我看到吐出来的烟变成了粉红色的蛇，所以我大叫。一个穿着白大褂的恶棍进来了，向我亮了亮铁棍。我准备了好长时间，才从他那里拿到这根铁棍。我拿到他的钥匙，我的衣服，甚至我的

---

① 卡特琳娜岛，美国加州星罗棋布的沿海岛屿上一颗最灿烂的明珠。——译者注

钱都被他拿走了。所以我来了，我全好了。你要说什么吗？”

“我没有什么要说的。”他说。

“它们想让你说出来，”我说，“它们就在你嘴边，等着你说出来。这就是那根铁棍——”我轻轻地晃了晃铁棍，“得听它同不同意。我从一个不听话的家伙那里拿的。”

“请立刻把它给我。”他带着让你无法自拔的笑容说。这是刽子手抬起斧头来对准你脖子的时候的笑，这种笑还同时有一点儿亲切，一点儿慈父般的感觉和一点儿小心。如果你还能活很长时间的话，你会喜欢这种笑的。

我把铁棍扔到他手掌里，确切地说是左手掌。

“还有枪，请吧。”他温和地说，“你是个非常虚弱的人，马罗先生。我该强烈建议你躺下休息。”

我盯着他。

“我是医生桑德堡（Dr. Sonderborg），”他说，“我不想让一些荒谬的事发生。”

他把铁棍放在他前面的桌子上。他的微笑僵硬得像冰冻的鱼，他的长手指像垂死的蝴蝶一样在动。

“请把枪给我，”他温和地说，“我强烈建议——”

“现在几点了，典狱官？”

他看起来有点儿惊讶，虽然我现在戴着手表，但是表已经停了。

“差不多半夜了，怎么了？”

“今天是星期几？”

“怎么了，我的先生——当然是星期天的晚上。”

我靠在桌子上，好让我更稳当一些。我想自己是不是离他太近了，他可能把我的枪给夺了去。

“已经过了四十八个小时了，不用想我肯定是晕厥了。谁把我带到这里的?”

他盯着我，左手开始慢慢地向我的枪移动。他应该是流浪者救助协会（Wandering Hand Society）的。

“不要逼我动怒，”我警告他说，“不要逼我发疯，不要逼我说脏话。回答我的问题，我是怎么到这里的。”

他很有勇气，动手抓我的枪。但是我已经往后坐了一下，把枪放在我的膝盖上，他没有抓到。

他红着脸，抓起威士忌给自己倒了一杯，然后一口喝下去。他深深吸一个口气，耸耸肩。他不喜欢酒的味道，吸毒者都不喜欢。

“如果你离开这里，你马上就会被逮住。”他尖锐地说，“你是被一名警察很体面地押来的——”

“警察不会这样做的。”

这句话有点刺激他，他淡黄色的脸色开始变化。

“把酒晃一晃，再满上。”我说，“谁把我送到这里的，为什么送我来？怎么送我来的？我今晚心情好，想在泡泡里跳舞，而且听见了女妖的邀请。我没有杀人，告诉我，残暴医生（Dr. Fell）。打开那个古董留声机，放点轻松的音乐。”

“你身上的麻药还没有完全消散，你感到很难受。”他冷冷地说，“当时你都快死了，我不得不给你打了三针洋地黄①(digitalis)。你抵抗，大叫，我们不得不把你绑起来。”他说得很快，那些字就像从嘴里蹦出来的一样。“如果你以现在这种状态从我的医院里出去，你麻烦就大了。”

“你说你是一名医生——药理医生?”

“没错。我是医生桑德堡，我已经告诉你一遍了。”

---

① 洋地黄，一种强心剂。——译者注

“你面对着一个麻醉剂中毒患者，既不喊也不反抗。你在说谎，再给你一次机会，不要答非所问。我只要重点，谁把我送到你这可笑的私人诊所的？”

“但是——”

“但是什么，没有但是。我要送你点什么，把你溺毙在麦姆斯酒里。我倒希望我现在能泡在麦姆斯酒缸里，莎士比亚（Shakespeare）知道这种酒。我们再下点药。”我拿过他的酒杯来，把我们两个的酒杯都满上。“喝吧，卡洛夫（Karloff）。”

“那个警察把你送到这里的。”

“哪个警察？”

“当然是贝城的警察。”他用手指转着他的酒杯，“这里是贝城。”

“噢，那个警察叫什么？”

“我确定是加尔布雷斯（Galbraith）警官。他不是一名正规的巡逻警察，他和另一个警察周五晚上在房子外面发现了你，当时你已经昏迷不醒。因为这里离得比较近，所以他们把你带到这里来了。我以为你嗑药嗑多了，但是可能是我错了。”

“这个故事听起来不错，我也没法证实这是真的。但是为什么要把我关在这里？”

他又摊了摊那双闲不下来的手，“我已经跟你说了很多遍了，你身体非常虚弱，需要待在这里。你到底想要我做什么呢？”

“那么我欠你医疗费了。”

他耸耸肩，“当然，二百元。”

我往后推了一下椅子，“真便宜，有本事就来拿吧。”

“如果你离开这里，”他尖刻地说，“你马上就会被逮住的。”

我往后倚在桌子上，靠在他脸前说：“不仅是离开这里，卡洛夫，打开那个保险柜。”

他站起来，“你已经越错越远了。”

“你不打开？”

“我当然不打开它。”

“我拿着的可是一把枪。”

他勉强地露出苦涩的笑。

“那是个很大的保险箱，”我说，“而且很新。这是一把好枪，你还是不打开？”

他脸上的表情没有任何变化。

“该死，”我说，“当你手里拿着枪的时候，他们应该任听你摆布。但是好像对你不起作用，不是吗？”

他笑了，笑容里有施虐的快感。我退回来，我已经崩溃了。

我震惊地坐在桌子边，他在等待着，嘴唇慢慢地张开了。

我盯着他的眼睛，站着靠在桌子上待了好长时间。然后我咧开嘴，他脸上的笑像块脏抹布，额头上冒出来汗珠。

“这么长时间，”我说，“你的手比我的脏多了。”

我退回门口，打开门，出去了。

房子大门没有锁，外面是有顶的门廊。这个房子比较偏，前面是一个花园，有白色的尖头篱笆，还有一扇门，花园里全是鲜花。这是一个又冷又潮湿的没有月色的夜晚。

房子的灯光照亮了外面，我看到一角的指路牌上写着“德斯坎索大街（Descanso Street）”。我仔细听着是否有警报声，但是什么声音都没有。我又看到另一个路牌上写着二十三大街。我应该去二十五大街，八百街区八百一十九号是安·雷奥丹的住处，那是我最好的庇护所。

我走了好长一段时间，才发现我手里还举着那把枪，然后我又仔细听了听，没有警报声。

我继续前行，外面的空气让我感觉非常好，但是威士忌提供的能量渐渐地消耗殆尽。这条街区的边上种着松树，还有砖房，看起来像是西雅图的国会大厦（Capitol Hill）而不是南加州（Southern California）的。

八百一十九号房子里还亮着灯光，有一条很小的车辆出入门道，紧靠着一棵很高的柏树，房子前面还种着玫瑰。我走了过去，然后仔细听了听，还是没有警报声。我按了门铃。门铃响了，过了一小会儿，对讲设备响了。

“请问你是哪位?”

“马罗。”

对讲机里面传来了一些嘈杂的声音，可能是她的呼吸声，也可能是对讲设备挂断的声音。这时门完全打开了，安·雷奥丹穿着淡绿色的睡衣站在我面前，看着我。她的眼睛睁得大大的，有点恐惧；她的脸在门廊灯光下瞬间变得苍白。

“我的天哪，”她悲痛地说，“你看起来就像是哈姆雷特（Hamlet）的父亲。”

28

客厅里铺着棕褐色的有花纹的地毯，放着几张混着白色和玫瑰色的椅子，黑色大理石壁炉还带着一个高高的黄铜柴架，有一个高大的嵌入式书架，淡黄色的幔帘，外面是垂下来的百叶窗。

客厅里除了一面长镜和光亮的地板外，没有女人用的东西了。

我坐在一把深陷下去的椅子里，腿放在脚踏上。坐在这里之前，我已经喝过两杯黑咖啡，还喝了一杯酒，吃了两个煮得很嫩的鸡蛋和一片吐司面包，然后还喝了很多兑了白兰地的黑咖啡。我在餐厅里把这些东西吃光，但是我已经不记得餐厅是什么样子的了，那时到现在已经很久了。

我身体的状态又恢复了，大脑基本很清醒了，胃里有东西可以消化了，而不是空空的了。

安·雷奥丹在我对面坐着，身体微微前倾，用她那标致的手托着标致的下巴，黑色的眼睛有点儿忧愁，再上面是红褐色的柔软的头发，里面还插着一支铅笔。她看起来很担忧。我只告诉了她一部分事情，其余的事情都没有跟她讲，特别是驼鹿马洛依。

“我想你喝醉了，”她说，“我想你只有喝醉了才来找我呢。我以为你跟那个金毛鬼混去了呢，我以为——我也不知道了。”

“我确信这些东西不是靠你写东西得来的，”我说着环顾四周，“就算你以为也换不来任何钱。”

“我爸爸也不是用不正当手段挣来这些的，”她说，“他可不是现在那个痴肥警察局长。”

“那不关我的事。”我说。

她说：“我们在德尔瑞有些地。当时我爸爸被他们骗着买下了那些沙地，但是后来那里居然勘探出石油来。”

我点点头，抬起我手中非常漂亮的水晶杯，喝了一口。我也不知道里面是什么，总之暖暖的。

“你允许一个家伙在这里住下吗？”我说，“可以马上搬进来。”

“如果他是那种——所有人都想抓他的话。”她说。

“没有管家，”我说，“这可能让他很粗暴。”

她脸红了。“但是你，你宁可被人把脑袋打烂，把你的胳膊扎成筛子，把你的下巴当成篮板来打。天晓得这是不是已经结束了。”

我太累了，没有说话。

她说：“不管怎么说，你还长了点脑子，知道去查那些过滤嘴。当时在阿斯特路上，你那种说话方式，我以为你都忘了过滤嘴的事了呢。”

“那些名片证明不了什么。”

她盯着我说：“你刚才告诉我，那个家伙找了两个变态警察把你暴打一顿，又关了你两天，就是为了教训你不要多管闲事？这很明显，你最好不要再管这件事，以防再被打。”

“这话应该从我嘴里说出来，”我说，“这是我的说话风格，粗犷！什么很明显？”

“那个衣冠楚楚的心理医师就是一个高级的诈骗犯。他物色好目标，然后哄骗她们，然后让马里奥特这种人把她们带出来，再打劫他们。”

“你真的是这么想的？”

她看着我。我把杯子里的东西喝完，然后装着还是很虚弱，但是她直接无视我。

“当然，我就是这么想的，”她说，“你不也一样。”

“我觉得还要复杂一些。”

她的笑又惬意又尖酸刻薄，说：“抱歉，刚才我都忘了你是侦探，事情当然要复杂一些，不是吗？我觉得如果这是个简单的案件的话，就太侮辱你了。”

“比这还要复杂。”

“好吧，你说吧我听着。”

“我不知道，只是有这种感觉。能帮我倒点酒吗？”

她站起来说：“你知道吗，有时候你得喝点水，尝尝水的味道。”她过来把我杯子拿去。“这是最后一杯。”她走出了客厅，里面传来叮当的冰块碰撞金属的声音。我闭着眼享受着这微不足道的声音。我不该来这里，如果他们像我推测的那样了解我的话，他们会搜到这里来，那就麻烦了。

她拿着酒杯回来了，把酒杯递给我。她拿着酒杯的那只手凉凉的，触碰到了我的手。我握住她的手，过了一会儿才慢慢地放开。我感觉好像是在一个迷人的山谷中正做着美梦，但是升起的阳光照着你的脸上，你不得不醒来。

她红着脸回到椅子边坐下，然后一直在换着坐姿。

她点上一支香烟，继续看着我喝酒。

“埃莫森是个非常残忍的家伙，”我说，“不过我也不知道为什么，感觉他不是那伙珠宝抢劫犯的头目，不过也可能我错了。但是如果他是他们的头目，而且又知道我手里有他的把柄，我不可能活着从那家黑医院里逃出来。但是他害怕某种东西，因为直到我随口说到隐形文字时，他才动粗。”

她静静地看着我说：“那上面有隐形字吗？”

我咧着嘴笑着说：“至少我还没看到。”

“你不觉得这种隐藏信息的方式有点奇怪吗？在香烟的过滤嘴里，假如他们永远发现不了呢。”

“我关心的一点是马里奥特怕什么。如果他发生了什么意外，那些名片就有可能被发现，警察会搜他的口袋，而且不会放过任何蛛丝马迹的，这些让我感到非常困惑。如果马里奥特是劫匪，他们不会让他留下任何线索的。”

“你的意思是如果埃莫森杀了马里奥特，或是派人杀了他？但是马里奥特所知道的埃莫森的情况，不一定跟这次谋杀案有直接关联。”

我往后靠了靠，把后背靠在椅子上，又把那杯酒喝完，假装我在想这个问题，又点了点头。

“但是珠宝抢劫案和谋杀案肯定有关联。我们再假设埃莫森跟珠宝抢劫案有关联。”

我从她眼睛里看到了一丝顽皮，“我想你肯定很累了，”她说，“你想睡觉了吗？”

“这里？”

她的脸瞬间红到脖子根，提了一下下巴，说：“我是那么想的。我已经不是小孩子了，没有人管我。”

我把酒杯放到一边，然后站起来。“我很少有这么优雅的时候。”我说，“如果可以的话，你可以把我送到出租车车站吗？”

“你这个该死的笨蛋，”她生气地说，“你已经被打得不成人样了，还不知道被打了多少麻药。我想你现在最需要的是睡一个好觉，早上精神气爽地起床，做回那个侦探。”

“我想我会多睡会儿。”

“你应该去医院，你个蠢蛋。”

我身体有点儿颤抖，我说：“听着，我现在大脑还不大清醒，但是我不应该在这逗留很长时间。虽然我现在还没有那些人的证据，但是他们都很恨我。不管我怎么说，空口无凭，没有法律效力，况且这里的法律部门已经腐烂了。”

“这里治安是很好的，”她有点气喘吁吁地说，“你不能就这么判定——”

“好吧，这里很不错，芝加哥（Chicago）也不错。在那里住很长时间都看不到有人拿冲锋枪。当然，这里很不错，应该比洛杉矶好多了。在大城市他们只能买通一部分人，但是在这小城市，他们可以买通全部。这就是区别，因此我必须得走。”

她站起来，仰着下巴说：“你现在就去睡觉，就在这里。这里面还有一间卧室，往右转就——”

“保证把你的房门上锁？”

她的脸红通通的，咬着嘴唇说：“有时候我认为你是个了不起的人，但又有时候感觉你是我所见过的最坏的人。”

“不管我是属于哪一种，你可以把我送到出租车车站吗？”

“你哪里也不能去，”她咬着牙说，“你很虚弱，是个病人。”

“我还没病到脑子被摘除了的地步。”我狞笑着说。

她飞速地跑出客厅，跑到客厅和走廊的台阶时差点儿滑倒。她在原来衣服外面披了件法兰绒长风衣，没有戴帽子。她红褐色的头发看起来跟她的脸色一样生气，她砰地推开侧门，冲了出去。她的脚步声从车道上传来，车库门打开了，又传来开关车门的声音和汽车启动的声音，车灯从开着的落地窗照到客厅里。

我站起来，拿起椅子上的帽子，又关上灯。我看了一眼落地窗，上面装着耶鲁锁（Yale lock）。我关上门前又回头看了一眼房间，这是一间不错的房间，能在里面休息真的很不错。

我关上门。她把车开到我身边，我上了车。

她带着我向公寓驶去，一路上缄口不言，气呼呼的。当我们到达我的公寓楼下时，我下了车，她冰冷地说了一句晚安，然后在路中间掉了头。我还没从口袋里掏出钥匙，她已经把车开远了。

他们十一点就把公寓大门关了。我打开门，穿过总是充满霉臭味的大厅和电梯间。我乘电梯来到我的楼层，走廊里灯光昏暗，服务部门前面放着很多牛奶瓶。透过这扇门可以隐约看见里面红色的防火门，还有扇纱门。从那里缓缓地飘来轻风，但是还夹杂着厨房的味道。我到了一个熟睡的世界，这里像熟睡的猫一样安全。

我打开家门，走了进去。我倚在门上，站在那里呼吸着熟悉的气味，家的气息，灰尘的气息，还有烟味，还有一种男人长时间生活的气息。过了一会儿，我打开了灯。

我脱掉衣服，躺在床上。我一晚上做了好几个噩梦，每次醒来都大汗淋漓。到了早上，我又生龙活虎了。

29

我穿着睡衣坐在床边，想起床，但意志不是很坚定。我感觉身体还没有恢复得很好，但是没有那么严重，没病到我应该病的程度，没病到不知道我还有一份有报酬的工作的程度。我的脑袋疼，而且感觉又大又热；我的舌头是干的，感觉里面有沙子；我的喉咙是僵硬的；我的下巴没有知觉。这是我过的最糟的一个早上。

这是一个有着浓雾的灰蒙蒙的早上，可能还有点凉。我好不容易爬起床，揉着空荡荡的肚子，估计是因为吐得太多了，有点疼。我的左脚完全恢复了知觉，而且不疼，所以我只能用左脚蹬着床角。

我在抱怨着，这时门上传来一阵急促的敲门声。这是那种飞扬跋扈的敲门声，使你有种要把门拉开两英尺的想法，然后再把它砰地关上，把他的脑浆挤出来。

我打开门，开的门缝比两英尺还多。侦探中尉兰德尔站在门前，身上穿着棕色的华达呢外套，头上戴着套叠式平顶帽，非常整齐干净而郑重，当然还有令人讨厌的眼神。

他轻轻地推了一下门，我从门边让开。他进门又把门关上，然后环视四周。“我已经找你找了两天了。”他说。但是他没有看着我说话，而是打量着房间。

“我生病了。”

他迈着轻快的步伐围着房子走了一圈，把帽子拿下来夹在胳膊里。他光滑细腻的灰色头发非常亮，双手插在口袋里。他是一名块头不大的警察。他把一只手从口袋里拿出来，把帽子小心翼翼地放在一摞书刊上。

“没在家休养。”他说。

“在医院。”

“哪家医院?”

“一家宠物医院。”

他猛地一扭头，好像我给了他一记耳光似的。他的皮肤颜色有点暗淡。

“像这种事情今天有点早，是吧?”

我没有搭话，点上一支香烟，猛吸了一口，又坐到床上。

“没有人能治你的病，对不对?”他说，“除非把你扔进病人堆里。”

“我是个病人，早上还没来得及喝杯咖啡。你不能期望太高。”

“我警告过你不要再掺和这个案子了。”

“你又不是上帝，也不是耶稣。”我又吸了一口烟。我对自己感到有点儿陌生，但是我有点儿喜欢这种感觉。

“我给你制造了这么多麻烦，估计你很惊讶吧。”

“大概吧。”

“你知道我为什么没有继续查下去吗?”

“知道。”

“为什么?”他身体往前一倾，快得像一只梗犬[①]，面无表情。

“你找不到我。”

他往后仰了仰，转动着脚后跟。他的脸色稍微好了一点儿。“我以为你还能说点儿别的事情。”他说，“并且如果你跟我说的话，我会一拳打掉你的下巴。”

“两千万元都吓不到你，你应该接到命令了。”

他呼吸有点儿困难，微微张着嘴。他慢慢地从口袋里拿出一包烟，然后打开烟盒。他的手指有点儿抖，拿了一支烟放到嘴里，然后走到我放着书刊的桌子边拿火柴。他小心地点上烟，把火柴梗放到烟灰缸里，而不是扔到地板上，然后吸了一口。

“我前些天在电话里已经给你忠告了。”他说，“是周四。”

“是周五。”

“对，是周五。但是好像没起什么作用。我知道是为什么。但是那时我不知道你手里还有别的证据。我只是建议抓住那条线索，现在看起来是个好主意。”

“什么证据?”

他静静地盯着我。

“你需要来点咖啡吗?”我说，“这可能让你更有点人情味。”

“不用。”

---

① 梗犬，犬的一种。梗犬一般个子较小，灵敏，活泼，富于表现，兴奋性强。——译者注

“我可需要来点。”我站起来，走向小厨房。

“坐下，”兰德尔突然说，“我还没说完。”

我没理他，继续走向小厨房。我向茶壶里倒了些水，然后放到炉子上烧上。我从水龙头接一杯冷水喝，然后又喝了一杯。我手里拿着第三杯水站在小厨房门口，看着他。他没有动。他吐出来的烟几乎像厚实面纱一样遮着他一边的脸，他在看地板。

“因为格雷夫人邀请我，我去见她，为什么是错误的?”我说。

“我没有在谈这个。”

“是，但是你之前在说。”

“她没有邀请你。”他抬了抬眼皮，还是面无表情。他尖突的颊骨还是红红的，“是你非要见她，还谈了一些丑事，还想接下敲诈案这单活。”

“可笑。在我的记忆中，我们根本没有谈工作。我不觉得她的故事有任何价值。我的意思是，没有任何我感兴趣的。我无从下手，当然，我觉得她应该已经告诉你了。”

“她告诉我了。那个圣莫妮卡的啤酒吧是劫匪的藏匿处。但这说明不了什么，我在那里一无所获。对面的那家旅馆也一样，没有我们想要找的人，都是小喽啰。”

“她跟你说是我非要见她吗?”

他耷拉着眼皮说：“没有。”

我咧嘴笑着说：“来点咖啡?”

“不用。”

我又回到小厨房，弄了点咖啡，等着水沸腾。这次兰德尔跟着我过来了，他站在门口。

“据我所知，这帮珠宝劫匪以前在好莱坞附近流窜作案已经十年了。”他说，“这次他们作案地点较以往有点远，而且他们还杀了人，我知道为什么。”

“好吧，如果这是团伙作案而且你能破得了案，这将是自我住在这个城市以来抓获的第一个团伙谋杀案，我可以想出无数的标题和文章。”

“你能这么说真好，马罗。”

“如果我哪里错了，请纠正我。”

“哪儿呀，”他急切地说，“你没有错。我们已经有两点突破了，但这只是开始。一些小混混还以为能高枕无忧了呢。”

“嗯，咖啡?”

“如果我喝的话，你会不会跟我直言不讳，像真正的男人跟男人那样谈话，不说风凉话?”

“我尽量，但不保证和盘托出。”

“没有那些，我也能行。”他讥讽地说。

“你今天穿的衣服不错。”

他的脸又红了。“这件衣服二十七块五呢。”他说。

“哦，天哪，真是个敏感的警察。”我说着走向炉子旁。

“咖啡闻起来不错，你是怎么做的?”

我冲上咖啡。“法式渗滤法①（French Drip），粗磨的咖啡，不用纸质过滤器。”我从壁橱里拿出糖来，又从冰箱里拿出奶油。我们坐在对面的角落里。

“你说你病了在医院里，是借口吗?”

“不是借口。我在贝城真的遇到了一点儿麻烦。他们给我吃的不是什么清凉的饮料，而是一种他们自制的麻药和酒混

① 法式渗滤法，这是另一种渗滤式的咖啡做法，但它不需要纸质的过滤器。——译者注

合的疗法。”

他的眼睛看起来陷入了沉思。“贝城，啊？你喜欢那种强硬的方式，不是吗，马罗？”

“那不是我喜欢的方式。不过这让我体会了那种方式，以前从未体会过。我被他们收拾了两次，第二次是被一名警察或者被别人要求扮成是警察的。他们用我的枪把我打了，我还差点儿被一个印第安人掐死。我不省人事了，然后被扔进了那家恶毒的医院。他们把我锁在里面，有段时间还绑住了我的手脚，而且我无法证明我遭受了那种虐待，除了我身上的瘀伤和左胳膊上的针孔。”

他死死地盯着桌角。“在贝城。”他慢慢地说。

“这个名字听着跟唱的似的，在肮脏的洗手间里唱的。”

“你去那里干什么了？”

“我没有去那里，是那些警察把我弄到那里去的。我是去见洛杉矶斯蒂尔伍德海斯的一个家伙。”

“一个叫朱尔斯·埃莫森的人，”他平静地说，“为什么你要偷走那些烟？”

我看着我的咖啡杯，有点儿傻乎乎的，“这很可笑，他——马里奥特——有另一个烟盒，里面有大麻。在贝城，他们把它做成有中空过滤嘴的俄罗斯香烟形状，里面藏着很多秘密。”

他把喝完了的咖啡杯放到我这边，我给他满上。他的眼睛在我的脸上一道一道地扫描，一点一点地扫描，就像用福尔摩斯①的放大镜或者沙代克②（Thorndyke）的手持放大镜一样。

“你以前就应该告诉我的。”他不高兴地说。他啜了一下嘴唇，又用餐巾擦了一下。“但不是你偷拿的，她已经告诉我了。”

“啊，好吧，该死。”我说，“女人就是女人。”

“她喜欢你。”兰德尔说，像一个电影里的联邦调查局（FBI）警察，有点儿悲伤，但很男人。“她父亲非常正直，以至于丢了工作。她没有必要跟你说这些事情，但是她喜欢你。”

“她是个很不错的女孩，但不是我喜欢的类型。”

“你不喜欢她那种类型？”他又点了一支烟，那些烟雾随着他的手指飞舞。

“我喜欢皮肤光滑有光泽的女孩，成熟的，叛逆的。

“他们给你洗脑了吗？”兰德尔冷漠地说。

“当然，要不然我去哪里了？你来见我到底要做什么？”

他笑了，这是他今天第一次笑，可能他只允许自己笑四次。

“我还没听够呢。”他说。

“我把我的推测告诉你，不过可能你早已经想到了。这个马里奥特是个女人诈骗犯，因为格雷夫人告诉我了。但是他

---

① 夏洛克·福尔摩斯，又译作歇洛克·福尔摩斯，是由19世纪末的英国侦探小说家阿瑟·柯南·道尔爵士所塑造的一个才华横溢的侦探形象。——译者注

② 沙代克，英国著名作家奥斯汀·弗里曼在《沙代克探案：一枚红色的拇指纹》中塑造的形象。沙代克博士被誉为史上的“科学探案之父”。——译者注

还有其他身份，他是珠宝抢劫团伙的线人。他会跟他们的目标培养感情，然后设局。他对她们很了解，会把她们带出来，而且他们选择在星期四下手。如果马里奥特没有开车，或者没有带着格雷夫人去卡德罗，或者没有走啤酒吧那条路回家，抢劫案就不会发生。”

“就算是格雷夫人的司机负责开车，”兰德尔说，“事情也不会有什么变化。司机也不会为了一个月九十块钱的工资，用他们的脑袋顶着劫匪已经上了膛的枪吧。但是不能每次抢劫案都是碰上马里奥特单独跟女人在一起的时候。”

“事情的重点是不能凭空想象的。”我说，“要考虑到他们的赎金很便宜。”

兰德尔往后仰了仰身体，摇着脑袋说：“你推断得很好，我很感兴趣。女人什么都说，但是她们会对马里奥特的事情避而不谈。”

“这很有可能，这就是为什么他们把他杀了。”

兰德尔呆呆地看着我，他的咖啡杯已经空了，但还是拿着勺子在里面搅拌着。我伸手去拿他的咖啡杯，他摆摆手。“你继续说。”他说。

“他们利用他，但现在他已经没有利用价值了，已经到了该让他闭嘴的时候了，就像你想的那样。但是你没有放弃调查，所以这是为他准备的最后一个抢劫案——最后一个。你想，他们对那么贵重的珠宝只要那么点赎金，而且是马里奥特负责联系，但是马里奥特感到了恐惧，最后时刻他觉得最好不要独自去。他耍了一点儿小把戏，如果他遭遇不测，他身上的某些信息会指向一个人，一个非常无情和能设计这样一套抢劫的非常聪明的人，而且这个人处在一个不寻常的位置，可以获得有钱的女人的信息。他这种把戏很天真，但是确实很有用。”

兰德尔摇着头说：“他们可以把他身上的东西都搜刮干净，或者把他的尸体扔到海里。”

“不，他们想让这次谋杀看起来很业余，这样可以蒙骗我们。他们还想继续待在这里作案，他们还有其他的眼线。”我说。

兰德尔还在摇着头，“那香烟里面的线索指向的那个人不是这种类型。他有一个很好的交际圈，我得调查一下。你觉得他是怎么样的?”

他的眼神很茫然，太茫然了。我说：“他恨不得杀了我，而且那里没有那么值钱的东西，不是吗？毕竟他在任何地方通过心理进行交际都是暂时的。他有一种魅力，很多人都去跟他交往，但是过了一段时间魅力散尽，生意就做不成了。如果他只是一个心理医师的话，就是这样。就像电影明星一样，给他五年，他可以干五年，但是给他其他的路子，让他利用那些女人的信息，他可能就要杀人了。”

“我会多盯着他点。”兰德尔眼神还是很茫然，“但是现在我对马里奥特更感兴趣。让我们再多往前推推——再远一点。从你认识他开始。”

“他先给我打的电话，总之他说是从电话本上找到我的。”

“他有你的名片。”

我看起来有点儿吃惊。“当然，我记得。”

“你就没有想过他为什么选了你?”

我从我的咖啡杯上方盯着他。我开始喜欢他了，他心里有很多东西。

“那么这就是你这次来的目的?”我说。

他点点头。“再就是聊聊天。”他客气地对着我笑，等着我说话。

我又倒了些咖啡。

兰德尔往边上侧着身子，看着米色的桌面。“有点儿脏。”他心不在焉地说，然后又坐直，看着我的眼睛。

“也许我应该稍微换个方式聊这个话题。”他说，“比如，我觉得你对马里奥特的判断可能是正确的。他的保险箱里有两万三千元，我们花了好长时间才找到。保险箱里还有很多契约和一份西五十四大街房产的信托书。”

他拿起一个咖啡勺，轻轻地敲着咖啡杯托盘的边缘，还面带微笑。“你应该对这个很感兴趣吧？”他温和地说，“是西五十四大街一千六百四十四号。”

“嗯。”我含糊不清地说。

“哦，马里奥特的保险箱里还有很多珠宝——都是很好的珠宝。但我不认为是他偷的，很有可能是别人送给他的。他不敢卖它，因为他脑子里联想到一些事情。”

我点点头。“他觉得跟偷的一样。”

“对，刚开始我一点儿都没在意那张信托书，但是现在它很有价值了。我们弄到了周边地区所有的杀人犯和可疑的死亡报告等案件记录。我们当天就能把这些案件记录翻完。这是规定，就像你没有授权就不能搜查一样，或者说没有合理的理由就搜一个人的身上是否带枪。但是我们打破规定，我们不得不打破规定。直到今天早上我抽出时间看了一些案件记录，我发现了一份上周四市中心黑人区的一件谋杀案的案件记录。那个杀人犯叫驼鹿马洛依，是一个有前科的非常粗暴的家伙，而且案件记录上还有目击证人的证词。如果你不是那个目击证人，那我说这些就没意义了。”

他笑了，轻轻地笑了，这是他第三次笑。“喜欢听吗？”

“我在听。”

“这是绝无仅有的，你明白吗？所以我看了给这份案件做记录的记录人的名字，是努尔缇。我了解他，所以我知道那件案子没有破。努尔缇是那样的家伙——这样说吧，你曾经去过克雷斯特莱恩（Crestline）吗？”

“嗯。”

“好，克雷斯特莱恩附近有很多用旧货车车厢改成小房子的地方。我在那里也有一个小房子，但不是用货车车厢改造而成的。不管你信不信，那些车厢还在卡车上，而且卡车都没有了轮子。现在努尔缇就是会随便在一个车厢装上车闸的疯狂的家伙。”

“那样不是很好，”我说，“他是你的同事。”

“所以，我给努尔缇打了电话，他吞吞吐吐的，而且还吐了好几次痰。然后他说你有一些主意，是关于一个叫威尔玛的女孩，很久以前她是马洛依的情人。你还去见了一个寡妇，她是弗洛里安前任老板的夫人，那个店也就是谋杀案现场，而且马洛依和那个女孩都在那里工作过。那个寡妇的地址是西五十四大街一千六百四十四号，而且她的房子还抵押给了马里奥特。”

“然后呢？”

“我只是觉得一早上发生这么多事情真是太巧合了。”兰德尔说，“所以我来找你。到目前为止，我已经对这件事了解得比较全面了。”

“问题是，”我说，“这里面还有很多事情。据弗洛里安夫人说这个叫威尔玛的女孩已经死了。我还有她的照片。”

我到客厅去拿我那件外套，当我手刚伸到口袋一半，我感觉到口袋里面是空的。但是他们没有拿走我的照片。我把口袋里的东西都拿出来，然后拿到小厨房，把那张打扮成小丑的女孩相片扔到兰德尔面前。他认真地看了起来。

“我以前没见过她，”他说，“这是另一个？”

“不是，这是格雷夫人保存的报纸。安·雷奥丹拿到的。”

他看着照片点点头。“就算为了两千万，我也会娶了她。”

“还有些事情我应该告诉你，”我说，“昨晚我太疯狂了，我想只身一人去那家医院搜查。那家医院在贝城二十三大街和德斯坎索大街路口。那家医院由一个叫桑德堡的人经营，他说他是医生。他还做着私藏罪犯的勾当，我昨晚在那里的一个房间里看到了驼鹿马洛依。”

兰德尔稳稳地坐在那里看着我。“你确定？”

“不可能错的，他是个大块头，那么大。他长得太有特点了，一眼就能认出来。”

他坐在那里看着我，一动没动。然后慢慢地把腿脚从桌子底下拿出来，站起来。

“我们去见见弗洛里安夫人吧。”

“那马洛依呢？”

他又坐下。“把整个事情仔仔细细地告诉我。”我一五一十地跟他讲了一遍整个事情经过，他全神贯注地听完我的讲述，眼睛都没离开过我的脸，甚至都没眨一下眼。他微微张开嘴呼吸着，身体一动不动。他的手指轻轻地敲着桌子边。当我讲述完，他说：

“这个桑德堡医生，看起来像是做什么的？”

“像是吸毒的，也可能是毒品贩子。”我尽我所能地把他描述给兰德尔听。他快速走到客厅，坐在电话机旁。他打通电话，快速地说了一会儿。然后他又回来，我刚好又做了一些咖啡，又煮上两个鸡蛋，做了两片吐司，正在吐着黄油。

我坐下来吃早餐。

兰德尔在我对面坐下，用手托着下巴。“我派了一名国家缉毒人员去那里，他装病进去。他能获得一些线索，没有抓到马洛依。昨晚上，马洛依在你离开那里十分钟后就走了。”

“为什么不是贝城警察去？”我边在鸡蛋上撒了点盐边说。

兰德尔没有说话。我抬起头来看他的脸，有点儿红，有点儿不舒服。

“你是我见过最敏感的警察。”我说。

“快点吃，我们得抓紧走。”

“我吃完饭还得冲个澡，刮刮脸，穿衣服呢。”

“你就不能穿着睡衣出去？”他讥讽地说。

“是不是整个城市都那么邪恶呢？”我说。

“那已经是莱尔德·布鲁内特的天下了，他们说他花了三万元选了个市长。”

“就是观景楼俱乐部的老板？”

“还是两艘赌船的老板呢。”

“但是这是在我们这里啊。”我说。

他低头看着他那干净又闪亮的指甲说：“我们先去你的办公室，拿上那两根大麻烟。”他说，“如果它们还在那里的话。”他敲着他的手指。“如果你把你办公室的钥匙给我，那么我会在你洗漱的时候自己去拿。”

“我们一起去。”我说，“说不定我还有很多邮件。”

他点点头，过了一会儿又坐下点上一支烟。我洗漱完毕，穿好衣服。我们坐着兰德尔的车出发了。

我有很多邮件，但都没有什么价值。那两支烟还在办公桌的抽屉里，没有被动过。办公室里也没有被搜过的迹象。

兰德尔拿过那两支俄罗斯香烟，闻了闻，然后把它们放进口袋里。

“他从你身上取回了一张名片，”他若有所思地说，“名片的背面不可能有隐藏的信息，因为他一点儿都不担心这两支烟。我想埃莫森不会感到很害怕，他只是想你在套他的话。我们走。”

30

老鼻子把她的鼻子探到门外闻着，好像门外有一枝怒放的紫罗兰一样。她像耙草一样扫视了整条街道，然后点了点满是花白头发的头。兰德尔和我摘下帽子。在这个低档的街区，我们直接上升到了瓦伦蒂诺①的档次。她好像还认识我。

“早上好，莫里森夫人。”我说，“我们能占用您一点时间聊聊吗？这是警察局的兰德尔警官。”

“我的天哪，我还有很多事情要做，还要熨很多衣服。”她说。

“我们不会占用你很长时间的。”

她往后退了两步，我们走了进去。我们从那个放着梅森市或者那里运来的餐边柜的走廊里走到整洁的客厅，窗户上

① 瓦伦蒂诺（Rudolph Valentino，1895—1926），美国著名男演员。生于意大利，1926 年因心脏瓣膜炎在纽约去世。——译者注

挂着蕾丝边窗帘，一股熨衣服的味道从里面房间里飘来。她非常小心地把门关上，好像那扇门是薄如蝉翼的馅饼皮做的。

她今天早上系着蓝白相间的围裙。她的眼睛还是那么犀利，下巴也还是那样。

她走过来，在离我仅有一英尺的时候停下来，把脸凑过来盯着我的眼睛说：

“她没有收到邮件。”

我点点头，看着兰德尔。兰德尔也点点头，然后走到窗边，透过窗户看着弗洛里安夫人的房子。他又轻轻地走回来，胳膊下面夹着套叠式平顶帽，潇洒地像是学院戏剧里的法国伯爵。

“她没有收到。”我说。

“没，她没有。星期六是四月一号愚人节，呵呵。”她停下说话，想用围裙擦擦眼睛，这时她才记起那是橡胶围裙，她感觉有点儿失望，抿着嘴。

“那天邮递员从她家门口走过，没有进去。她跑出来喊邮递员，但是邮递员摇摇头走了。她回到房子里，并且狠狠地关上门，都要把窗户震破了。她像是疯了一般。”

“我可以想象。”我说。

老鼻子突然对兰德尔说：“让我看看你的证件，年轻人。那天这个小伙子满嘴酒气，我不是很相信他。”

兰德尔摸摸口袋，从里面拿出一块金色和蓝色相间的警徽来，让老太太看了看。

“是真的警察，”她说，“好吧，她星期天没有做什么特别的事，就是去买了酒，拿着两个方形的酒瓶回来的。”

“杜松子酒。”我说，“这就是说好人从来不喝杜松子酒。”

“好人从来都不喝酒。”老鼻子强调着说。

“对，”我说，“接着是星期一，也就是今天。邮递员又从这里经过，这次她感到彻底痛心了。”

“年轻人，你很会猜，是吗？都不给别人张嘴的机会。”

“非常抱歉，莫里森夫人。这件事对我们太重要了——”

“这个小伙子好像完全管不住自己的嘴。”

“他结婚了，”我说，“他比较有经验。”

她的脸色带着紫色的阴影。“在我报警前滚出我的房子。”她大喊着。

“夫人，你面前站着的就是警察。”兰德尔马上说，“你不会有危险的。”

“确实是，”她说。她脸上的紫色阴影渐渐消散了。“我讨厌这个家伙。”

“夫人，我跟您一样。弗洛里安夫人今天也没有收到她的挂号信，是吗？”

“没有。”她用又短又尖的声音说。她非常快速地说：“昨晚上有人去过那里，我没有看见他们。昨晚有人带我去看电影了，就在我们回来的时候——不是，就在他们刚刚离开的时候——有辆车从她家门口开走了。他们开得很快，而且没有开灯，我没有看见车牌号。”

她用一种鬼鬼祟祟而又犀利的眼神斜视着我。我想不明白那眼神为什么鬼鬼祟祟。我慢慢地走到窗边，然后拨开窗帘。一个身穿蓝灰色制服的公职人员正在走向这栋房子，那个人肩上背着一个很重的皮包，还戴着一顶帽子。

我转过身来，咧着嘴笑着。

“你的水平下降了，”我不太客气地跟她说，“明年你就只能拿C了。”

“你不大明智。”兰德尔懒懒地说。

“过来，看看窗外。”

他过来看了一下，表情非常冷酷。他静静地站在那里看着莫里森夫人。他在等什么东西，在等一个地球上独一无二的声音。不一会儿，那个声音传来了。

那是有东西被投入门前信箱的声音，被投入的可能是传单，但这次不是。从那脚步声中听出，他已经从小道返回，然后回到大街上。兰德尔又回到窗前。那个邮递员没有去弗罗里安的房子，而是继续往前走。他蓝灰色的后背被沉重的皮包压得很平。

兰德尔转过头来，非常礼貌地问：“这里上午投递几次邮件，莫里森夫人？”

她尽量保持镇定。“就一次，”她说，“早上一次，下午一次。”

她的目光一直在躲闪，下巴一直在颤抖，双手抓着那蓝白相间的围裙皱边。

“早上的投递已经过去了，”兰德尔恍惚地说，“挂号信是普通邮递员送吗？”

“她以前收的都是特快专递。”那个老声音有点儿嘶哑。

“嗯。但是上周六当邮递员没有去她家送邮件时，她跑出来叫住邮递员，你没有提到特快专递。”

这样看着他破案，我感觉很不错——前提是调查别人。

她张着大嘴巴，露出闪亮的牙齿，肯定是在一杯溶液里泡了一整晚。然后她喊叫了一声，用围裙抱住头，冲出了客厅。

他看着她穿过的那扇门，它在拱门那边。他笑了，非常疲惫的笑。

“不错，而且一点都不做作，”我说，“下次你来演强硬的角色，我不喜欢对着一个老太太蛮横——就算是爱撒谎的妇人。”

他还在笑着。“老掉牙的故事，”他耸耸肩，“警察的工作，咳。她刚开始说的是实话，一五一十地说。但是他们开始觉得不够快、不够刺激，所以她开始添油加醋了。”

他转过来，我们一起走进走廊，从里面的房间里传来了呜咽声。对一些有耐心的男人，他们对那种声音无法抵抗。但对我来说，那只是一个老太太的呜咽声，没有好撼动我的。

我们非常安静地走出房子，轻轻地关上大门，还确保纱门不会砰地关上。兰德尔戴上他的帽子，叹了口气，然后他又耸耸肩，摊开那双保养得不错的手。我们还能听到房子里面传来的呜咽声。

那个邮递员已经沿着大街又送了两家了。

“警察的苦差事。”兰德尔嘟囔着说，还夹杂着他的呼吸声。

我们走向弗罗里安夫人家。弗罗里安夫人还没有把洗的衣服收到屋子里去。它们还在晾衣绳上晃晃悠悠地摆动着。我们上了台阶，按了门铃，没有动静，我们又敲门，还是没有动静。

“上次她没锁门。”我说。

他用身子小心地盯着纱门，试着开门，但是这次门是锁着的。我们走下门廊，从靠近老鼻子房子的那一边转到弗罗里安夫人的房子后面。房子后面也有一扇带着拉钩的纱门。兰德尔敲了敲纱门，还是没有任何动静。他从后门的门廊下来，顺着一条长满杂草的车道走到一个木质车库前。他打开车库，破旧的车库门吱吱响。这里面尽是一些破烂东西，几只破烂不堪的老式皮箱，连当柴烧都不配。车库里还有一些锈迹斑斑的园艺工具，还有一个纸箱里装着些古老的罐子。门的左右两边各有一只硕大的黑寡妇趴在破烂的蜘蛛网上，兰德尔用一块木头把它们打死。他把车库门拉下，又顺着那条车道回来，又原路返回房子前门。不管是敲门还是按门铃，里面都没有动静。

他慢悠悠地走回来，看了一眼对面的大街。

“后门最容易打开，”他说，“隔壁那个老太婆子不会再做什么了，她说了太多的谎话了。”

他走上后门的那两步台阶，用一把刀轻巧地把挂钩挑开。我们从纱门进去，走进门廊，里面放满了各种罐子，有的里面全是苍蝇。

“天哪，这是一种什么样的生活啊。”他说。

用一把最普通的钥匙就把后面打开了，但是里面还闩着。

“这太出乎我所料了，”我说，“我想她肯定跑了。以她那种邋遢劲，她不会这么锁门的。”

“你的帽子旧一些，”兰德尔看着后面上的玻璃说，“借你帽子用用，我把玻璃推进去，或者我们找个更好的法子？”

“踹吧，这里有谁知道呢？”

“好，开始了啊。”

他后退了几步，抬起脚来就踹，咔嚓一声门被踹开了。我们从地摊上捡起了一片金属片，轻轻地放在沥水板上，旁边还放着九个空的杜松子酒酒瓶。

厨房窗户上有很多苍蝇在飞，这里都臭了。兰德尔站在房子中间，仔细观察着房子里的一切。

他走到弹簧门边，没有用手推门，而是用脚推开，推到门不再自动弹回来。客厅里面还跟上次来差不多，收音机已经关上了。

“那台收音机真不错，”兰德尔说，“这得花不少钱，如果是她买的话。这里有些东西。”

他单膝跪在地毯上，顺着地毯查看。他走到收音机边上，用脚踢了踢一条电线，然后掉出一个电线插头来。他弯下腰，仔细看着收音机前面板上的按钮。

“不错，”他说，“又大又光滑。真聪明！这上面留不下手印的吧，是吧？”

“把电源插上，检查一下收音机还能用吗。”

他环视了四周，找到一个插座，将插头插好。收音机的指示灯亮了，吱吱响，接着喇叭里传出非常大的声音。兰德尔快速拔下插头，声音也瞬间停止了。

他站起来时，眼睛亮闪闪的。

我们快步走到卧室，杰西·皮尔斯·弗罗里安夫人身上穿着皱巴巴的棉布家居服斜在床上，头快碰到地面了。床角上有些深色的东西，是苍蝇非常喜欢的东西。

她已经死了好久了。

兰德尔没有碰她。他蹲在那里看了好长一段时间，然后像狼咧着嘴一样看着我。

“脑浆都溅到脸上了，”他说，“这看起来像是这宗案子的通用手法，只是这次的作案工具是一双手。这是什么样的一双手啊，你看着脖子上的伤痕，这指印的大小。”

“你看吧，”我说。我转身离开。“可怜的努尔缇，现在这已经不是一桩简单的黑人谋杀案了。”

31

一只黑亮亮的，头是粉红色的，身上还有粉红色的斑点的虫子慢慢地在兰德尔那擦得锃亮的桌子上爬着。它晃动着一对触角，就像是在测试风速，等待起飞。它爬的时候一直在不停地晃动，就像是一个提着很多行李的老太太。一个无名小卒坐在另一张桌子边，对着一部老式电话的话筒不停地讲话，他的声音听起来好像是有人在隧道里吹口哨。他半睁着眼说话，一只带着伤疤的手放在他前面的桌子上，还用拇指和食指夹着一支燃烧着的烟。

那只虫子爬到兰德尔桌子边，起身飞到空中。它掉到地上，仰着身子，无力地挥动着几根细腿，然后装死。没有人动它，所以它又挥动着那几根腿，最终它翻过身来。它慢慢地爬到一个角落，没有了目标，停在那里。

墙上的警用音响播送着一个公告，内容是圣佩德罗（San Pedro）的四十四大街南部发生一起抢劫案。嫌疑犯是一名中年男子，穿着深灰色外套，戴着灰色毡帽。最后一次目击情况是，他是在四十四大街上往东逃跑，然后跑到了两栋房子中间。“慢慢靠近，”那个播报员说，“这个嫌疑犯拿着点三二口径左轮手枪，刚刚打劫了南圣佩德罗三九六六号希腊餐厅的老板。”

一声咔嗒响，播报员的声音消失在空中。接着又传来了另一个播报员的声音，他开始读刚失窃的汽车名单，他的声音又慢又单调，而且每条都读两遍。

这时门开了，兰德尔拿着一摞信纸大小的用打印机打出的纸。他脚步轻盈地穿过房间，坐在我对面，把一些纸推给我。

“签署四份。”他说。

我签了四份。

那个粉红色的虫子到达了房间一角，伸出触须来选择了一个好的起飞点。它看起来有点儿气馁，又沿着踢脚线跑到了另一个墙角。我点上一支烟，这时那个打电话的小侦探突然站起来，走出房间。

兰德尔靠在椅背上，他的眼神还是跟以前一样，又冷又平静，又做好了随着场合的变化变得讨厌或者和蔼。

“我告诉你几件事情。”他说，“正是如此，你会不会有更多的奇思妙想；正是如此，你不能再策划这次行动；正是如此，也可能是上帝保佑你。”

我等着他继续说。

“那里没有手印，”他说，“你知道我说的是哪里。那条线被拉开以便关掉收音机，但有可能是她自己关的。那很显然，酒鬼喜欢大声地听收音机。如果是你戴着手套去杀人，你也会打开收音机用来掩盖枪声或者别的声音，你可以用同样的方式把它关掉。但是那不是正常的关机方式，而且她的脖子已经断了。她在被凶手拧断脖子前已经死了。现在是为什么他还要再拧断她的脖子?”

“我听着。”

兰德尔皱着眉头。“凶手可能不知道他已经拧断了她的脖子，他生她的气了。”他说，“这是推理。”他有点别扭地笑着。

我吸了几口烟，然后把手拿开。

“嗯，为什么他会生她的气呢？他支付一千元的报酬给弗罗里安，为了俄勒冈州（Oregon）的银行抢劫案需要。那些钱付给了一个律师，此后那个律师死了，但是那个弗罗里安可能想从里面拿了点钱。马洛依对这个产生了怀疑，或者他已经知道了，也或许他只想逼她说出来。”

我点点头，这些话确实值得给他点头同意。兰德尔继续说：

“他抓过一次她的脖子，他的手指没有滑动。如果我们抓住他，我们也许能够证明那些手指印就是他留下的，也许证明不了。那些指印是昨晚留下的，或昨晚早些时候，总之是放电影的时候。到目前为止，我们没有马洛依昨晚去那个房子的目击者，所有邻居都没看到，但是这确实像马洛依。”

“对，”我说，“是马洛依没错。虽然他的本意可能不是想杀她，但他太壮了。”

“这也帮不了他。”兰德尔严肃地说。

“我想也不会。我只是指出一点，在我看来马洛依不是职业杀手。只有被逼得走投无路了才杀人——但不是为了取乐，也不是为了钱，也不是为了女人。”

“这是很重要的一点吗?”他冷冰冰地说。

“或许你知道什么是重点，哪些不是重点。我不知道。”

那个警用音响又播报了南圣佩德罗希腊饭店的抢劫案的公告，在这期间，兰德尔一直盯着我。那个嫌疑犯已经被关进牢房了。一会儿播报了案件的结果，嫌疑犯是一个拿着水枪的十四岁的墨西哥男孩，有那么多目击者。

兰德尔等到播报完，又继续说：

“我们今早上合作得很好，让我们继续保持。回家躺下好好休息休息吧。你看起来非常憔悴，就让我和警察局接管马里奥特凶杀案和抓捕驼鹿马洛依等事情吧。”

“在马里奥特这件事情上我已经拿了钱了，”我说，“我没有完成工作。格雷夫人已经雇了我。你想让我怎么做呢？辞掉这份差事，喝西北风？”

他又盯着我。“我知道，我也是人。他们给你了执照，这就是说他们希望你能做点儿什么事情，而不仅仅是把它们挂在你办公室的墙上。另一方面，任何一个暴脾气的行动队长，都可以捏碎你。”

“不把雇我的格雷一起？”

他琢磨着，他不想允许我有权利，甚至是一半的权利，所以他皱着眉头，敲着桌子。

“正是如此，我们应该互相谅解，”他停顿了一下说，“如果你插手这件案子，你将会陷入困境。现在应该是你从这个困境里摆脱出来的最好时机。我也不确定，但是渐渐地你会因为这个事情再次入院，那时你将更难开展工作。”

“所有的私人侦探每天都在面对这个问题，除非他已经不再是侦探。”

“但是你不能接谋杀案的活。”

“你已经表达了你的不满，我听见你说过。我不期望我能破得了一桩这么大个警察局都破不了的案子。如果我有任何的个人观点，那些只是微小的，个人的观点。”

他又慢慢地往前倾了一下身体，俯在桌子上。他那瘦瘦的手指不知疲倦地敲着桌子，就像是杰西·弗洛里安夫人房子前面一直敲打着墙面的一品红。他那光滑的灰色头发闪闪发亮，用冰冷的眼神看着我。

“我们走，”他说，“到了那里再说。埃莫森出去旅行了，他的妻子和秘书都不知道或者是不想说他去哪里了。那个印第安人也消失了。你会控诉他们吗?”

“不，我不会节外生枝的。”

他看起来很放心。“他妻子说从来没听说过你，也没有听说过那两个贝城警察——如果他们是警察的话，这已经超出了我的控制范围。这是我所遇到的最复杂的事情。有一件事我非常确定——埃莫森跟马里奥特的死没有关系。那些香烟里有他的名片只是栽赃。”

“桑德堡医生?”

他摊开双手。“先跳过整件事情。地方检察院的人悄无声息地去了那里，根本就没有跟贝城打招呼。那栋房子已经锁起来了，里面空空的。他们当然已经进去过了，虽然他们匆忙地清理了那里，但是他们还是留下了大量的指纹。我们需要花一周的时间来提取这些证据。我们正想方设法打开从那房子里拿来的保险柜，里面可能有毒品，或着其他什么东西。我猜测桑德堡可能有一犯罪记录，当然不是在这里，可能是在其他地方，比如说堕胎或者治疗枪伤，或者改变指尖或者是非法使用麻药。如果根据联邦法规，我们将会得到很多帮助。”

“他说他是一名药理医生。”我说。

兰德尔耸耸肩。“可能曾经是，可能还没被定罪。现在在棕榈泉（Palm Springs）附近有一个药师，五年前他在好莱坞被指控是毒品贩子。他是个彻头彻尾的恶魔，但是联邦法规保护了他，他出狱了。你有什么担心的事情吗？”

“你对布鲁内特了解吗？告诉我。”

“布鲁内特是一个赌徒，他赚了很多钱，非常容易地赚钱。”

“好。”我边说边准备站起来。“这听起来很合理。但是这跟马里奥特被杀的珠宝抢劫团伙好像没有关系。”

“我不能告诉你所有事情，马罗。”

“我也没期望你能告诉我。”我说，“顺便说一下，我第二次去见杰西·弗洛里安的时候，她告诉她曾经在马里奥特家当过用人。这就是为什么马里奥特要给她寄钱。这有什么可以证明吗？”

“有。马里奥特的保险箱里有一些她写的感谢信什么的。”他看起来好像要发脾气了。“现在你必须回家，关心你自己的事情了吧？”

“因为他是个好人，然后非常小心地保存着那些信件，是吗？”

他从下到上看着我，直到视线停留在我的头顶。然后他又半闭着眼，这样看了我足足有十秒钟，接着他笑了。今天这么惊人地笑了很多次了，他差不多把一周能笑的次数今天全用完了。

“关于这方面我有个推理，”他是，“这个推理有点儿疯狂，但是这是人之常情。马里奥特在那种生活环境下受到了威胁，所有的抢劫犯或多或少地都赌博，而且所有的赌徒或多或少地都迷信。我想杰西·弗洛里安是马里奥特的幸运星，只要他照顾着她，他就能够平安无事。”

我转过头看着那只粉红色头的虫子。它已经在两个墙角都尝试过了，正在郁郁地爬向第三个墙角。我走过去，把他放到我的手帕里，把它带回桌子上。

“你看，”我说，“这里距地面是十八层楼高，这只小虫爬到这里来只想交个朋友。这就是我的幸运星。”我把小虫放到手帕上柔软的地方，然后把手帕折叠起来，塞进口袋里。兰德尔瞪着大眼，张张嘴，但是没有说话。

“我想谁的幸运星是马里奥特呢?”我说。

“不是你的，伙计。”他的声音充满了讥讽，冷冷的讥讽。

“可能也不是你的。”我平静地说。我走出房间，关上门。

我乘着电梯到春日大街门口（Spring Street），从市政厅前面的门廊走出来，下了很多台阶，穿过花坛，我把那只粉红色的虫子小心翼翼地放到灌木丛后面。

我在打车回家的路上一直在思考，它得爬多长时间才能再次到达警察局重案组。

我从公寓后面的车库里把车开出来，去好莱坞大街吃了点午餐，然后我驱车赶往贝城。这是一个又漂亮又清凉还充满阳光的下午，我驶离安古洛大道，转到第三大街，开车去市政厅。

32

在这繁华的地区，市政厅看起来有点儿寒碜，更像是某个古老的建筑。一排无忧无虑的流浪汉坐在围墙前面，围墙里面是草地——大多数是鸭茅①草。这栋建筑只有三层，顶上还有一个老旧的钟楼，里面挂着的钟还在，他们可能会在消防队志愿者回来时敲响它。

通过破碎的人行道，大楼前面的台阶通向两扇开着的大门，门两边站着打着市政厅那种结的人，这是为万一有什么突发事情，他们可以及时处理。他们挺着大肚子，谨慎的表情，穿着漂亮的衣服，还有千篇一律的礼仪。他们给我让出了四英尺的空间，让我进去。

进门后是一条昏暗的走廊，估计还是麦金莱就职的时候拖的地。服务台边上有一个木质的指示牌上面写着警察局的

① 鸭茅，多年生草本，疏丛型。——译者注

楼层位置。一个身穿制服的人在一台矮小的电话交换机后面打瞌睡，交换机的线通到伤痕累累的木质柜台头上。一个穿便衣的人脱下外套，他消火栓一样的肥猪腿顶着肋骨，睁着一只眼睛看着昨晚的报纸，一只痰盂噔噔滚到离他十英尺的地方。他打了个哈欠，说局长办公室在后面楼上。

二楼亮堂多了，也干净多了，但只是比一楼好点儿。几乎在走廊尽头有扇门，上面写着：约翰・瓦克斯，警察局长，请进!

走廊里面有一段低矮的木质栅栏，里面坐着一个身穿制服的男人，正在用两根手指和一根大拇指在打字机上打字。他拿过我的名片，打了个哈欠说他会看的，然后把他自己挤进一扇写着"约翰・瓦克斯，警察局长，私人区域"的红褐色木门里。一会儿他回来了，让我进去。

我走进去，把这扇内部办公室的门关上。这个房间里很凉爽，非常大，三面有窗，远处摆放着一张上了色的木头桌子，跟墨索里尼（Mussolini）的办公桌似的，所以你不得不穿过一块非常大的蓝色地毯才能到达办公桌前面，而这段时间你不得不接受那双炯炯的眼睛凝视。

我走到办公桌前面，桌上摆着一块倾斜的标识，上面有突起的字——约翰・瓦克斯，警察局长。我想我可能能记起这个名字。我看着办公桌后面的这个男人，他的头发一尘不染。

他的体重算是重量级的，留着短发，能看到闪亮的头皮。他有一双又小又深邃的眼睛，眼皮低垂，像永不停止的跳蚤。他穿着黄褐色法兰绒西装，咖啡色的衬衣和领带，手上戴着一颗钻石戒指，领子上还别着钻石领针；胸前口袋里还叠放着一块手帕，外面露着三个硬角，露出来的长度比三英寸长点。

他一只胖乎乎的手里拿着我的名片，看了一遍，然后又翻过来，看反面，反面是空白的，所以又反过来看正面。他把名片放到桌子上，用一只青铜猴子镇纸压住它，好像这样他就能保证不会弄丢它一样。

他伸过胖乎乎的手来，我跟他握完手后，他又示意我坐下。

“请坐，马罗先生。我在警察系统里或多或少地听说过你。我能为你做什么？”

“局长，我有一点小麻烦。如果你能帮忙的话，你几分钟就能帮我搞定。”

“麻烦？”他轻轻地说，“一点麻烦。”

他用他那肥胖的腿转动着椅子，若有所思地看着他的一扇窗户。这让我看到了他穿着一双手工纺织的莱尔线短袜，英式拷花皮鞋，那鞋子看起来好像在酒缸里泡过。算上我看不见的，不加他的钱包里的钱，他的这身行头也得值五百元，我想他的夫人一定很有钱。

“麻烦，”他还是非常轻声地说，“在这个小城里可不多见，马罗先生。我们市虽然小，但是人们非常非常的守法。从这西面的窗户，我可以看到太平洋，没有什么比它更干净了吧，是吧？”他没有提到那两艘赌船，就在三英里远的波浪上。

我也不知道。“那肯定是的，局长。”我说。

他往后仰了仰。“我从北边的窗户可以看到繁忙喧嚣的安古洛大道和漂亮的加利福尼亚山丘，近处是所有男人都向往的最漂亮的商务区。我从南边的窗户，也就是我正在看着的，可以看到世界上最漂亮的游艇港口，尽管是个小的游艇港口。

我办公室没有东面的窗户，如果我有的话，我可以看到一片足以让你流口水的住宅区。所以，先生，在我们这个小城没有什么麻烦。”

“我想我随时都有危险，局长。至少有一些危险，你手下有个叫加尔布雷斯的便衣警察吗?”

“有，我确定。”他转着眼珠说。“他怎么了?”

“你手底下有个人是这种模样吗?”我描述了另一个人，他非常矮小，还有灰白胡子，还打过我。“他很有可能总是跟加尔布雷斯一起。有人叫他布林，但这听起来像是个假名字。”

“正好相反。”肥警察局长说，他说话跟所有胖子说话的声音一样。“他是我的首席侦探，布林队长。”

“我可以在你办公室里见见他们吗?”

他又拿起我的名片读起来，又放下，他挥挥胖得发亮的手。

“到目前为止，你没有给我一个满意的理由。”他说。

“我不确定我能，局长。你认识一个叫朱尔斯·埃莫森的人吗? 他自诩是心理顾问，住在斯蒂尔伍德海斯山顶上。”

“不知道，而且斯蒂尔伍德海斯不在我的管辖范围之内。”局长说。他的眼神告诉我他正在思考着什么。

“这就搞笑了，”我说，“你说，我把埃莫森先生当作我的客户，我打电话跟他联系。但埃莫森一口咬定我是在敲诈他。有可能他这种人就是比较容易往这方面想，他还有一个粗暴的印第安人保镖，我根本不是他的对手。那个印第安人抓住我，埃莫森用我的枪打我，然后他找了两个警察，恰巧就是加尔布雷斯和布林。这些能提起你的兴趣吗?”

瓦克斯局长用双手轻轻地拍打着桌面，他的眼睛几乎已经闭上了，但还有一条缝。他肥大的眼睑直接露出一道阴冷的光芒，那光芒直视着我。他坐着一动不动，好像在认真地听我说话，接着他睁开眼睛，笑了。

“然后发生了什么?”他礼貌地问道，就像是斯托克俱乐部（Stork Club）的保镖。

“他们搜了我的身，然后把我弄到车上，把我扔到山脚下，当我下车的时候还把我打晕了。”

他点点头，好像我说的都是世界上的最白痴的东西。“这是在斯蒂尔伍德海斯发生的事情吗?”他轻声地问。

“是的。”

“你知道我听完了什么感觉吗?”他往前倾了倾身体，不过就倾了一点儿，因为他的肚子已经抵在桌子上。

“骗子。”我说。

“门在那边。”他说，用左手指着门口。

我没有动，继续看着他。当他已经恼怒到要按警铃时，我说：“我们不要犯同样的错误。你想我只是一个小小的私人侦探，要去对付自己十倍力量的人，还要指控一个警察。尽管那是事实，警察也会互相袒护的。没关系，我不会抱怨的，我想这种错误很正常。我想跟埃莫森对峙，而且我想你的人——加尔布雷斯帮我，就不必劳烦布林先生了，加尔布雷斯就足够了。而且如果我没有后盾的话，我不会来这里，我身后有一个非常重要的人支持着我。”

“多远的后盾?”

“远在阿斯特路八百六十二号默温·洛克里奇·格雷（Merwin Lockridge Grayle）先生的住处。”

他的脸色完全变了，好像坐在他面前的已经不是原来的我了。“格雷夫人正好是我的客户。”我说。

“关上门，”他说，“你比我年轻有为多了。把插销闩上。我们好好谈谈这件事，你长得就很诚实，马罗。”

我站起来，闩上门。当我从那偌大的蓝色地毯走回去的时候，局长已经拿出了一瓶很漂亮的酒和两个杯子。他拿出了一把豆蔻种子放在他的笔记本上，然后倒上两杯酒。

我们开始喝酒，他噼啪地嗑着豆蔻种子。我们默默地吃着，互相看着对方的眼睛。

“尝起来不错。”他说。他又满上酒杯，我又噼啪地嗑着种子。他用笔记本上把种子皮扫到地上，一边笑着一边往后倚。

“现在我们开始吧。”他说，“你正在帮格雷夫人办的事情跟埃莫森有关系吗？”

“有一个连接点。虽然我告诉你的都是事实，但最好再核实一下。”

“那是。”他一边说着一边拿起电话，然后他从衣服里拿出一本小册子，找了个电话号码。“竞选捐助者，”他一边使眼色一边说，“市长非常坚持不懈地推广礼仪。没错，就是你在下面看到的。”他把电话本扔到一边，开始拨号。

他在那个管家身上跟我遇到了同样的麻烦，这让他的脸红到耳朵根。最终他还是联系上了她，他的耳朵还是红的。她一定是用非常高调的声音跟他讲话。“她想跟你说话。”他说着把电话穿过宽大的办公桌推过来。

“我是菲尔。”我说，玩世不恭地对着局长使眼色。

那边传来挑拨的笑声，“你在跟那个胖子干什么？”

“刚喝了一点酒。”

“你必须要跟他喝酒吗？”

“这一刻是的，为了工作。我说，有什么新消息吗？我想你知道我指的是什么。”

“没有。老兄，那天晚上你让我傻傻等了你一个小时，你知道吗？我是那种爽过你约的女孩吗？你是来报复我吗？”

“我那晚遇到了麻烦。今晚怎样？”

“让我看看，今晚？天哪，今天是星期几？”

“最好我再打给你，”我说，“我可能还去不了，今天是星期五。”

“骗子，”她笑骂着说，“今天是星期一。还是那个时间，还是那个地点，但这次不准糊弄我？”

“最好我再打给你。”

“最好你在那里出现。”

“我真不确定，我到时给你电话。”

“很难吗？我想想，是不是我太烦人了？”

“事实上你有点。”

“为什么？”

“我是个穷人，但是我还有自己的事情，而且不一定是你喜欢的那种方式。”

“浑蛋，如果你不在那儿——”

“我说了我会打给你。”

她叹了一口气。“男人都一个熊样。”

“女人也一个样——除了第一次。”

她骂了我，然后挂了电话。局长的眼睛瞪着，都快瞪出来了。

他用颤抖着的手倒了两杯酒，推给我一杯。

“真是那样吗？”他若有所思地说。

“她丈夫一点儿都不介意，”我说，“所以这个不用记。”

他喝酒的时候看起来有点儿受伤，慢慢地嗑着豆蔻种子，陷入了沉思中。我们看着彼此的眼睛又喝了一杯，局长非常歉意地把酒瓶和酒杯收好，然后拨起电话来。

“如果加尔布雷斯在的话，让他马上上来。如果不在，给我联系上他。”

我站起来，把门闩打开，又回来坐下。我们没有等很久，边门传来敲门声，局长喊了一声，海明威进来了。

他径直走向办公桌，在桌子一头停下了，非常谦逊地看着瓦克斯局长。

“见过菲利普·马罗先生，”局长和蔼地说，“来自洛杉矶的私人侦探。”

海明威转过身看着我。如果他以前见过我，他脸上没有任何昭示。他伸出一只手，我也伸出一只手，他又看了一眼局长。

“马罗先生有个非常离奇的故事。”局长巧妙地说，就像黎赛留公爵（Richelieu）在后面的挂毯上似的。“是关于一个住在斯蒂尔伍德海斯山上的一个叫埃莫森的人，他是个什么乱七八糟的巫师。情况是马罗去见他，而那时你和布林恰好在那里，还有些什么事情，我忘记具体细节了。”他看着窗外，脸上带着忘记细节的表情。

“一定是搞错了，”海明威说，“我从来没有见过他。”

“尽管那是事实，但还是弄错了。”局长模糊地说，“虽然微不足道，但还是弄错了。马罗先生认为这个很重要。”

海明威又看了我一眼，他的脸就像是石头脸，毫无变化。

“事实上他对这个错误不感兴趣，”局长继续模模糊糊地说，“但是他对这个叫埃莫森的人感兴趣，他住在斯蒂尔伍德海斯山上，还有个同伙。他想有人能跟他一起去谈笔生意，我想到了你。好像是埃莫森先生有一个非常粗暴的印第安人保镖，而马罗先生在没有帮助的前提下，有点儿怀疑自己掌控局势的能力。你能帮忙去看看这个埃莫森住在哪里吗?”

“可以，”海明威说，“但是斯蒂尔伍德海斯已经超出我们的管辖范围了，局长。这只是私下里帮助你朋友吗?”

“你应该这么处理。”局长看着他的左手大拇指说，“我们当然不会做任何非法的事情。”

“嗯。”海明威说，“不会的。”他咳嗽一声问：“我们什么时候去?”

局长仁慈地看着我。“现在就可以。”我说，“如果加尔布雷斯方便的话。”

“我只做我答应的事。”海明威说。

局长从头到尾看了他一边，他用眼睛扫过他身上的每一点。“今天布林队长怎么样?”他一边津津有味地咀嚼着豆蔻种子问道。

“很糟，阑尾炎。”海明威说，“十分危险。”

局长悲伤地摇摇头，然后他一只手抓住椅子，弯下腰，另一只手在桌子上。

“加尔布雷斯会照顾好你的，马罗，你放心。”

“好的，局长，您真体贴。”我说，“我都不知道该怎么谢你。”

“哼，没必要谢。可以这么说，我总是对朋友很好的。”他向我使了个眼色。海明威明白了他的意思，但他没有说他是什么意思。

我们走出局长办公室，局长喃喃地说要送我们到楼下。门关上了，海明威扫视了一下走廊，然后看着我。

“你很聪明啊，小子。”他说，“你肯定会得到一些我们没有提及的事情。”

33

汽车安静地沿着一条寂静的街道向前行驶，大街两边的胡椒树枝顶部几乎交叉起来，形成了一条绿色的隧道，阳光闪烁着穿过树枝和细长的树叶，在路角的指示牌上写着第十八大街。

海明威在开车，我坐在副驾驶上。他开得很慢，脸上满是思索的表情。

“你跟他说了多少?”他终于开口问道。

“我告诉他，你跟布林去了那里，然后把我带走，半路上把我扔到车外，再在我后脑勺来一棍子。其他什么都没说。”

“没有说二十三大街和德斯坎索大街的事?”

“没有。”

“为什么?”

“我想如果我不说出来，那么我可以从你这里得到更多的帮助。”

“只是你想而已。你真要去斯蒂尔伍德海斯还是那只是个借口？”

“只是个借口。我是想让你告诉我，为什么把我送到那家医院？还有为什么我被关在那里？”

海明威在想，那么努力地想，以至于他灰色脸颊里面的肌肉都有点扭曲了。

“是布林，”他说，“那个短脖子。我不想让他伤害你，也不想让你走回家。那只是演戏，因为我们跟这个埃莫森是朋友，我们帮他处理麻烦。你肯定会感到惊讶，什么样的人会去找他麻烦。”

“确实很吃惊。”我说。

他扭过头来，灰色的眼睛有点儿冰冷，然后他又看着满是灰尘的风挡玻璃，思考着什么。

“老警察偶尔挣点外快，”他说，“他们只是把人敲晕，不做过分的事。天哪，那时我吓坏了，你像水泥袋似的被扔了。我跟布林说了很多好话，然后我们把你送到桑德堡那里，由于那里比较近，而且他是个很不错的人，会好好治疗你的。”

“埃莫森知道你们把我送到那里了吗？”

“当然不知道，那是我们的主意。”

“因为桑德堡是个好人，而且能照顾好我。没有回扣吗？如果我去投诉，医生也会没事的，对吗？如果我去投诉，在这么小的城市里也掀不起什么波澜。”

“你变得强硬了吗？”海明威若有所思地说。

“不是我，”我说，“也不是你。因为你的工作是出生入死的。你看局长的眼睛，你看到了。我没有证明就去他那里了，不是这次。”

“好吧，”海明威说着朝窗外吐了一口痰。“我没有想要变得强硬，除了例行公事，然后呢？”

“布林真的病了？”

海明威点点头，不知道为什么，没有在他的脸上看到悲伤。“是的。前天开始肠胃疼，在阑尾割掉前一直疼，他有机会治好的。”

“失去他，我们感到很悲伤，”我说，“这样的警察是警察局的一大财宝。”

海明威又朝窗外吐了一口痰。

“好了，下一个问题。”他叹息道。

“你说了为什么要把我带到桑德堡那里。但是你没告诉我，为什么他把我关在那里超过四十八小时，而且锁着我，给我注射了大量的麻药。”

海明威慢慢地刹住车，停在路边。他把那双大手放在方向盘的下半部分，柔和地摩擦着大拇指。

“我也不知道。”他低沉地说。

“我身上有证书，证明我是一个私人侦探。”我说，“口袋里还有钥匙，一些钱，两张照片。如果他对你不是很了解，他可能会认为我是故意弄成头破血流的样子，想混进去勘察情况。但是我相信他非常了解你们，所以我很困惑。”

“还很困惑吗？老兄，那只是为了安全。”

“只是那样吗？”我说，“但是这一点都不让人满意。”

“在这方面，你有洛杉矶法律依据吗？”

“哪方面？”

“关于桑德堡。”

“不完全是。”

“你还是没说是还是不是。”

“我不重要，”我说，“洛杉矶的法律任何时候都可以适用这里，他们会喜欢的——至少三分之二的人会喜欢，警察和地方检察官都会喜欢的。我有一个朋友在地方检察局工作，我以前在那里工作过，他叫伯尼·奥尔斯（Bernie Ohls），是首席侦查官。”

“你把事情跟他说了？”

“没有。我已经一个月没有跟他联系了。”

“想要告诉他吗？”

“如果有人干扰到我工作的话。”

“私人工作？”

“是的。”

“好吧，你想要什么？”

“桑德堡到底是干什么的？”

海明威把手从方向盘上拿开，朝窗外吐了口痰。“我们现在所在的这条街道不错啊，是吧？漂亮的房子，漂亮的花园，气候适宜。你听说过很多坏警察吧，或者你没有？”

“偶尔。”我说。

“好吧。你发现有多少警察能住在像这条街道一样的房子里，有漂亮的草坪和鲜花？我知道有四五个，都是副队长，他们拿走了所有的外快。像我这样的警察只能住在市里最差的地方，而且是很小的房子。你知道我住在哪里吗？”

“这能说明什么？”

“听着，伙计。”这个大块头警察严肃地说，“你把我挂在一根绳子上，但绳子有可能断。警察不会为了钱而变坏，也不一定，但也不经常。只是上面下了命令，他们就去执行，而坐在大办公室一角的那个家伙，穿着漂亮的西装，喝着好酒，吃几粒种子就可以使他的口气闻起来像紫罗兰似的，只是他不会下命令的。你懂我的意思吗？”

“市长是什么样的人?”

“所有地方的市长不都一个样吗？政客。你觉得是他下的命令？疯子。你知道这个国家怎么了吗，伙计?”

“我听说有太多的冻结资本。”

“人们都不诚实了。”海明威说，“这就是这个国家的问题。如果他做了，他骗到了钱。你或者选择玩这个肮脏的游戏或者喝西北风。很多浑蛋以为我们只需要九万穿着白领提着手提箱的FBI，疯子。你知道我是怎么想的吗？我想我们要这个小小的世界颠覆一次，现在就开始实施重振道德运动。”

“如果贝城是这样的一个标杆，那么我会吃阿司匹林的。”我说。

“你不能太聪明了，”海明威轻声说，“你可能不敢想象，但这很有可能。因为你太聪明了，所以你不能想象。我只是一个笨警察，只知道执行命令。我有妻子还有两个孩子，只能按照他们说的做。布林说不定能告诉你一些事情，但我一无所知。”

“你确定布林得了阑尾炎？确定他没有朝自己的肚子开一枪?”

“不要那样说。”海明威抱怨着说，用手拍打着方向盘，“尽量把人往好了想。”

“布林呢?”

“他也是人，跟我们一样。”海明威说，“他是个罪人，但也是人。”

“桑德堡呢?”

“好吧，我告诉你，也可能我错了。我想你应该是有不错的主意的人。”

“你不知道桑德堡的骗局是什么？”我说。

海明威拿出手帕，擦了把脸。“伙计，我很不想承认。”他说，“但是你应该知道，如果我或者布林知道桑德堡那样，我们不可能把你送到那里的，你也不可能从那里出来，至少不能走着出来。我在说一个真正的诈骗，没有人喜欢通过一个水晶球泄露老女人的财富。”

“我没想到我能走着出来，”我说，“那里有种叫莨菪碱的药，是一种能使人吐露实情的麻醉药。这种药可以让人在不知情的情况下说出话来，这比催眠术还厉害。我想我在那里被灌了那种药，他们想弄明白我知道什么。桑德堡只有三种方式获取我知道的东西，而且这有可能会伤到他。埃莫森有可能已经告诉他了，或者驼鹿马洛依可能提到我去见杰西·弗罗里安了，或者他想那只是警察跟他开了个玩笑，才把我送到那里的。”

海明威悲伤地看着我。“我以前从未见过你，”他说，“驼鹿马洛依又是谁？”

“一个大块头，他几天前在中央大街杀了人。他的名字应该在你们的电传打字机上有，如果你读了的话。现在你可以去了解他了。”

“那又怎么样？”

“所以桑德堡藏着他。我在那里看见他了，他躺在床上读着报纸，就在我逃出来的那晚。”

“你怎么逃出来的？你不是被锁着吗？”

“我弄了一根床上的弹簧，我非常幸运。”

“这个大块头看见你了？”

“没有。”

海明威把车驶离路边，咧着嘴笑着。“我们去找证据吧，”

他说，“桑德堡正在私藏罪犯。只要罪犯有现钱，他就可以藏住他们，从而捞很多钱。”

他开着车子在路角掉了头。

“见鬼，我以为他卖大麻呢，”他非常厌烦地说，“他后面有权利撑腰。但是该死，那只是无关紧要的诈骗，诈骗数额很小。”

“你听说过诈骗数额？如果你只看一眼，那确实是无关紧要的诈骗。”

海明威非常迅速地拐了一个弯，还一边摇着他的大脑袋。“没错。角球游戏，宾果游戏厅，赛马赌房，但是如果把这些全加起来，由一个人控制，这就有意义了。”

“谁？”

他又呆呆地看着我，我可以看到他的牙齿狠狠地咬在一起。我们沿着德斯坎索大街往东走，尽管是在下午，这条街道还是非常安静。当我们快到二十三大街时，才开始有点喧嚣。我们看到路边有两个人在打量着一棵棕榈树，好像要计划着怎么把它搬走。桑德堡医馆附近停着一辆车，但里面没有人，街区那边有个人在读水表。

在白天的阳光下，那栋房子看起来要好多了。海明威慢慢地从房子前开过，他的嘴角上有一丝笑容。他用鼻子用力地嗅了嗅，然后再下一个拐角转弯，看着后视镜，加快了车速。

过了三条街，他又把车停在街边，转过头来瞪着我。

“洛杉矶法律，”他说，“棕榈树那边的一个家伙叫唐纳利(Donnelly)，我认识他。他们就藏在那栋房子里，你不会把这些告诉你的朋友吧？”

“我不会。”

“局长会喜欢这些的，”海明威大声说，“他们从那里下来进行突击检查，所以没有停下来打招呼。”

我没说话。

“他们在抓驼鹿马洛依。”

我摇着头说：“我知道不会很久的。”

“你到底知道多少，伙计?”他轻声地问。

“不多。埃莫森和桑德堡有什么关联吗?”

“我不知道。”

“谁经营着这里?”

他没有说话。

“我听说是一个叫莱尔德·布鲁内特的赌徒，他花了三万元选举的市长。我还听说他是观景楼俱乐部的老板，还有两艘赌船。”

“可能是吧。”海明威说。

“哪里可以见到布鲁内特?”

“为什么问我，伙计?”

“如果你在这里没有藏身之处了，你会去哪里?”

“墨西哥。”

我笑了。“好吧，你能帮我个大忙吗?”

“我很荣幸。”

“把我送到市中心。”

他启动汽车，驶离了路牙石，开上了一条通往大海的大街。车到了市政厅，停到警用停车场，我下了车。

“有空来看我，”海明威说，“我会打扫好卫生等你的。”

他把手伸出来，“请别见怪?”

“M. R. A.”我边说边跟他握手。

他笑了。当我准备走开的时候，他叫住我。他仔细地观察了周围，然后把嘴放到我的耳边说："他们的赌船可能在市和州管辖的范围之外，是在巴拿马（Panama）注册的。如果是我——"他突然停下来，眼睛里开始有担心的神情。

"我明白，"我说，"我也想到了。我不知道为什么打搅了你这么长时间。但是没有你，我肯定不行。"

他点点头，然后笑了。"M. R. A."他说。

34

我躺在海边宾馆的床上等待着天黑。这是一个很小的房间，床板很硬，床垫仅比盖着的棉毯稍厚点。床垫下面的一根弹簧还断了，顶着我身体的左边。我就躺在那里，让它顶着我。

天花板上挂着一盏红色荧光灯，当它把整个屋子照得通红的时候，说明外面已经足够黑了，可以出门了。外面汽车在被叫作高速公路的道路上飞驰，我房间下面的人行道上传来各种各样的脚步声，空中飘来喃喃的低语声。通过生锈的纱窗传来了难闻的腐臭的炸油味。远处传来了一个声音，是那种可以在很远就能听到的喊叫声："饿了吗，伙计们！饿了吧，这里有好吃的热狗了。快来买啦！"

天色慢慢黑下来。我想，脑子里充斥了一种懒惰的思想，好像它被一双痛苦的眼睛盯着。我想到了一双不瞑目的眼睛盯着黑夜，死在他们肮脏的床上。我想到了一个金发美男，他充满了恐惧，但又不知道他害怕什么，他能敏锐地感觉到有些不对劲，而且去猜是什么不对劲又太徒然或许是太无趣了。我想到了一个富有而又漂亮的女人，我还想到了一个求知欲很强的漂亮女孩，她还自己独居，以另一种方式生活着。我想到了警察，可能是受贿的粗暴警察，当然他们也不都是坏的，像海明威；还有在为商会卖力的胖警察，像瓦克斯局长；还有干练的、聪明的、彻底的警察，像兰德尔，他把全部的智慧和能力用干净的方式做着干净的事。我想到了酸腐的老油条，像努尔缇，他放弃了努力。我想到了那个印第安人、心理医师还有那个毒医生。

我想到了很多很多。天色越来越黑了，那盏红色的荧光灯在天花板上照得越来越远。我坐在床上，脚放在地板上，揉着我的颈椎。

我站起来，走到墙角的洗脸盆那里，用冷水洗了把脸。过了一小会，我感觉好多了，但是只是好了一点点。我需要喝一杯，需要很多的人寿保险，需要休假，需要有个家。我现在只有一件外套，一顶帽子，一把枪。我带上它们，走出了房间。

宾馆里没有电梯，走廊里很难闻，楼梯有满是污垢的扶手。我走下楼梯，把房间钥匙扔到桌子上，说我要走了。一名左眼皮上有瘤子的店员点点头，一名穿着破旧制服的墨西哥人侍从，走向一棵满是灰尘的加利福尼亚橡树后面去拿我的提包。但是我没有任何行李，所以他帮我打开门，非常礼貌地笑了。

出了那条狭窄的小道，外面人行道上挤满了各种胖子。街道对面是一家喧喧嚷嚷的宾果游戏屋，边上有两个水手和几个女孩刚从照相馆里出来，他们可能刚骑在骆驼上拍了照片。热狗小贩的叫卖声像斧头一样把黄昏劈开。一辆大公交车疯狂地按着喇叭穿过街道，开到私家车经常在那里掉头的一个公交站台。

过了一会儿，我闻到了微弱的海的气息。虽然气息不是很强，但足以让人们想起宽阔干净的海滩，而且波浪不停地拍打着海岸，柔和的清风轻轻地拂着面庞。在这混杂着热油冷汗的气味里，还能闻到海的气息。

一辆小巴沿着人行道边开过来。我上车到了海边，下了车坐在一张长凳上。这里很安静，有点冷清，我的脚边堆放着一大堆棕色的海草。海里面的那两艘赌船已经亮了灯光。我又等着一辆小巴开过来，我又坐到离我住的宾馆不远的地方。如果有人跟踪我的话，他都不需要动的，只需要在这里等着我就好，但我觉得没有人跟踪我。在这个干净的小城里，几乎没有什么犯罪的事情。

黑色的防波堤闪烁着灯光，然后消失在夜幕和海水里。你又闻到热油味，但还是能闻到海的味道。那个热狗小贩喊着：

"饿了吧，伙计们，饿了吧，这里有好吃的热狗，快来买啊！"

我看见他站在一个白色的烤肉摊边，用长叉翻弄着维亚纳香肠。尽管这时候，他生意还不错，我不得不等一段时间才能见上他。

"最远处的那一艘叫什么名?"我用鼻子指了指，问道。

"蒙特西托（Montecito）。"他平视着我。

"如果有人带着足够的现金，在那里会有麻烦吗?"

"什么样的麻烦?"

我笑了，非常粗鲁地带着讥讽笑了。

“热狗！”他吆喝着，“好吃的热狗了！”他又降低了声音。“女人？”

“不，我想找一间有海风吹着，有美食，而且没有人打扰我。我在度假。”

他走开了。“我不明白你在说什么。”他说，然后继续吆喝。

他又有很多顾客。我不知道我哪里惹到他了，他就那样一种脸色对我。一对穿着短裤的年轻夫妇过来买了热狗，然后手挽着手，互相吃着对方的热狗。

那个卖热狗的小贩在离我一码的地方看着我。“现在我应该吹‘皮卡迪的玫瑰’，”他说，然后停顿了一下，“你需要付费。”他说。

“多少钱？”

“五十分，不讲价。除非他们想从你那里得到什么。”

“这里曾经是很好的城市，”我说，“一个世风日下的城市。”

“它仍然是。”他慢吞吞地说，“但是为什么要问我？”

“我也不知道，”我说。我把一元钱扔到他的柜台上。“给孩子买点吃的，”我说，“或者吹‘皮卡迪的玫瑰’。”

他拿起那一元钱，沿着长边叠起来，又竖着叠起来，又折了一下。他把它放在柜台上，把中指放在拇指后面，然后把那张叠起来的钱弹过来，轻轻地打在我的胸脯上，接着无声地落到地上。我弯下腰捡起来，转过身。但是我身后的人没有一个看起来像是侦探。

我倚在柜台上，又把一元钱放在上面。“别人从来没有向我施舍钱，”我说，“他们都是递给我。你介意吗？”

他拿起那张钞票，展开它，用围裙擦了擦。他拉开钱箱，把钞票扔进去。

“他们说钱是不会臭的，”他说，“有时想。”

我什么都没说，又有很多人过来买热狗，然后又走了。夜晚凉得很快。

“我不想吹‘皇家皇冠’，”那个人说，“这对小松鼠很好，这个属于他们的坚果。你看起来像是侦探，不过那是你的立场。我希望你游泳很好。”

我离开他，我想为什么自己先想到了找他。肯定是直觉！肯定是直觉作怪。有时候当你惊醒的时候就是脑子里充满了直觉。如果不用眼睛看菜单，就点不了咖啡，都是直觉。

我转悠着走了一圈，想看看是否有人跟踪我，不管何种方式。然后我找了家餐馆，这里面没有那种炸油的味道，还挂着紫色霓虹灯，在苇帘后面有个鸡尾酒酒吧。一个红棕色头发的男人正在弹着一个大钢琴，动情地按着琴键，完全不着调地唱着明星的歌曲。

我狼吞虎咽地喝了一杯干马提尼酒，然后匆匆地穿过苇帘进了餐厅。

那个八十五分的晚餐尝起来像是被丢弃的邮件袋，而且给我服务的服务员看起来好像能把我撕成碎片，把我的脖子削成六片，然后把我装进水泥桶扔到大海里，仅仅是为了一块五毛钱，还含附加税。

35

这艘水上出租车，是一艘老汽艇改装的，四分之三长的部分是玻璃窗，从那些抛着锚的游艇边滑过，绕过那一大堆石头——就是防波堤的尾端。海浪一波波冲过来，船就像软木塞一样在水上起伏摇晃。那里有间非常好的房间，可以在里面呕吐，跟我一同在这船上的有三对夫妇和一个掌舵手。掌舵手看起来有点儿凶神恶煞，他坐在那里，身体有点儿往左屁股倾斜，因为他的屁股兜里有一个黑色的皮枪套。我们离开海岸时，那三对夫妇开始亲对方的脸。

我往回看着贝城夜晚的灯光，尽量不去想那悲催的晚餐。散布的灯光慢慢地汇到一起，从船上的观景窗看变成了一只镶嵌着宝石的手镯。然后灯光渐渐地消散了，海浪的边缘还有一点柔软的橘红色灯光时而可见，时而不见。接着是一段很长的平稳海面，海浪也不再带着白色的泡沫，我很庆幸晚餐的时候没有在酒吧里喝杯威士忌。水上出租车随着波浪一上一下，像是一条眼镜蛇在跳舞。这里的空气很冷，有点儿湿冷，所以水手总是有关节炎。我们左边用红色霓虹灯勾勒出的皇家皇冠号，在灰茫茫的大海里显得有点儿模糊，然后灯光又出现了，像明亮的新玻璃球。

从远处看非常漂亮，水里传来微弱的音乐。皇家皇冠号有四根大缆绳固定着，像防波堤一样稳定。这些影像慢慢地从眼前消失，突然冒出了另外一艘又旧又小的船向我们驶来。这艘船不怎么值得一看，蒙特西托号上也灯火通明，音乐从黑色的海面飘来。那互相抱在一起的夫妇终于分开了，看着那艘船，咯咯笑起来。

水上出租车转了个大圈，倾斜地让乘客有点儿害怕，停靠在大船边。水上出租车的引擎在空转，然后熄火。一盏探照灯的光束照得很远，得有五十码。出租车司机把船勾好，一个浓眉大眼的青年，穿着带着闪亮的纽扣的蓝色晚礼服，带着明亮的笑容，扶着水上出租车的女孩上船。我是最后一个上船的，他休闲优雅地打量了我一番，我从中了解他的一些情况；在他推着我的肩膀时，我又得到了很多信息。

“当心!”他轻轻地说，“当心!”

他的声音流利还有点沙哑。他朝出租车司机点点头，出租车司机用缆绳把船缆住，又稍微调了一下方向盘，上了船。他就跟在我身后。

“船上不准带枪，朋友。请见谅!”“晚礼服”嘟囔着说。

“我可以自己检查，这是我衣服的一部分。我要见布鲁内特，跟他谈点生意。”

他似乎被逗笑了。“不要听他的，”他笑道，“别管他，伙计。”

出租车司机挽着我的右胳膊。

“我想见布鲁内特。”我说。我的声音听起来很虚弱，像是老太太的声音。

“不要争论，”浓眉大眼说，“我们现在不是在贝城，也不是在加利福尼亚，也不在美国。走开。”

“回到船上去，”出租车司机在我后面喊着，“我欠你二十五分，我们走。”

我回到出租船上。“晚礼服”静静地笑着看着我。我看着他，直到那不再是笑容，不再是一张脸，除了探照灯下面的黑影什么都看不清了。我就这么一直看着他。我们回去的路感觉有点长，我没有跟出租车司机讲话，他没有跟我说话。当我在码头下船的时候，他递给我二十五分钱。

“改天晚上吧，”他消沉地说，“当我们有更多的空间容纳你。”

有六个人在那里等着上船，他们看着我，听着出租车司机讲话。我从他们身边走过，穿过小候船室的门，走向通向陆地的台阶。

一个染着红头发的流氓鬼鬼祟祟地，穿着油腻的裤子，蓝色水手运动衫，脸上斜着的黑色栅栏阴影，假装无意地撞了我一下。

我停下了。他看起来块头很大，比我高三英尺，重三十磅。但是该我用拳头打掉某人的牙了，尽管我不占优势。

他身后的灯光变淡了。“有什么事吗？朋友。”他慢声慢气地说，“在那艘破船上没有好运气？”

“缝缝你的衬衫吧，”我跟他说，“肚子都露出来了。”

“还能更糟呢，”他说，“在这里穿它正合适。”

“你的鼻子怎么了？”

“天哪，什么都没有。你这么好奇？请不要见怪，伙计。”

“好吧，那马上把路给我让开。”

“没问题，我只是在这里歇歇脚。”

他笑了，非常累的笑容。他的声音很轻，有点迷迷糊糊，如此优雅，这种声音对于他这种大块头，着实让人吃惊。这让我想起了另一个轻声细语的大块头。

“你走错路了。”他丧气地说，“叫我雷德（Red）。”

“站到一边去，雷德。好人容易犯错。”

他看起来若有所思。他让我进到一个角上，我们看起来或多或少地有点孤苦伶仃。

“你想登上蒙特西托？没问题，只要你充足的理由。”

有几个人穿着艳丽的衣服，带着快乐的笑容从我们身边经过，然后进了水上出租车。我等着他们过去。

“这个理由卖多少钱？”

“五十元。如果你坐我的船再加十元。”

我打量着他。

“二十五。”他轻声说，“如果你还要往回捎朋友的话，十五。”

“我没有朋友。”我边说边走开。他没有叫住我。

我右转沿着水泥人行道往前走，那里有来来回回的小电车。小电车像儿童车一样往前开，吹着小喇叭，这样就不会吓到孕妇。在第一道防波堤脚下有一家灯火通明的宾果游戏厅，里面塞满了人。我走了进去，站在那些赌徒后面背靠着墙上，这里还有很多人站着，等待着位子。

我看着电子显示器上的几个数字，听着赌徒们的叫喊，想找出这里的老板，但是没有发现，我就转身要离开。

一个身穿蓝色衣服的大块头出现在我旁边。“没有足够的现金还是手头有点紧？”那个温和的声音在我耳边响起。

我打量了一下他。他的眼睛你绝对没见过，紫罗兰色的眼睛，几乎是紫色的；又像女孩的眼睛，非常可爱的女孩的眼睛。他的皮肤像丝绸一样顺滑，是淡红色的，不是棕褐色，太标致了。他比海明威块头大点，比海明威年轻好多岁。他比驼鹿马洛依稍微小一号，但是他的腿脚非常敏捷。他的头发是红色的底色，还闪着金色的光芒。除了他的眼睛，他的脸就是一张普通农民的脸，没有那么英俊。

“你是干什么的?”他问道，“私人侦探?”

“我为什么要告诉你?”我大声说道。

“我猜得没错。”他说，“二十五太高了? 不能报销吗?”

“不能。”

他叹了口气。“不管怎么说，我有个很没有用的想法，”他说，“在那里他们会把你撕成碎片。”

“我知道。你是干什么的?”

“这里混口饭吃，那里混口饭吃。我曾经是警察，他们把我开了。”

“为什么要告诉我这个?”

他看起来有点吃惊。“因为这是真的。”

“你以前肯定很厉害。”

他微微一笑。

“你认识布鲁内特吗?”

他脸上还带着微微的笑容。三个赌徒在那里站成一排，很快他们便输了个精光。一个高挑的啄鼻男，他的脸颊蜡黄消瘦，穿着皱皱巴巴的西服，慢慢走近我们，然后倚在墙上，没有看我们。雷德轻轻地俯在他身边说：“伙计，你想听我们说什么?”

那个高挑的啄鼻男微微一笑，离开了。雷德笑了笑，又倚靠在墙上。

“我认识一个人，他可以抓你。”我说。

“我希望你认识得多点，”他严肃地说，“大块头也得花钱呢，他得花钱吃东西，得花钱买衣服，他不能就抱着脚睡觉吧。你可能觉得这里不适合谈生意，但是这里很适合。我知道这里所有的密探，其余的人只是关心他们赌的号码而已。我可以开船从另一条道过去。那里还有个一个没有灯的码头。我知道蒙特西托上的一条货运通道，而且我可以打开它。我偶尔给他们拉货。甲板下面没有几个人把手。”

“他们有探照灯和瞭望塔，可以看到的。”我说。

“我们可以躲过去的。”

我拿出我的钱包，拿出了一张二十元和一张五元，然后把它们叠得很小。那双紫色的眼睛看着我，表情没有什么变化。

“单程?”

“说好了十五。”

“行情上涨了。”

他把钱拿走了，悄悄地离开了，消失在门外的黑暗里。那个啄鼻男悄然出现在我的左边，轻声说：“我想我认识那个穿着水手衫的家伙。他是你朋友吗？我以前见过他。”

我径直从墙边走开，走过他身边，没有搭他的话，然后出了门。我出门左转，看到我前面一百英尺有一个高个从一根吊灯架走到另一根吊灯架。过了两分钟，我走到两个棚屋之间的空地。那个啄鼻男又出现了，低着头在溜达。我走到他身边。

“晚上好，”我说，“我可以认为你是在等着揽活吗?”我往后仰了仰。那皱巴巴的外套下面有一把枪。

他面无表情地看着我，说“你是想让我修理你吗，小子？这里我说了算。”

“现在又谁说了算？”

“你的朋友跟你一个熊样。”

“他应该的，他是警察。”

“哦，见鬼。”那个啄鼻男恭敬地说，“晚上好！”

他转身沿着来的路溜达着走了。那个高个已经出了我的视线，不过我不担心。我对那个小子没有什么好担心的。

我慢慢地走着。

36

我的思绪飘过吊灯架，飘过滴滴响的小巴，飘过难闻的热油味、热狗和刺耳的孩子叫声，飘过所有的东西，到达了海的气味和拂过沙滩的海浪。现在这里几乎就剩下我一个人在溜达了，嘈杂的声音在我身后消失了，那些不真实的红色灯光有点模糊了。海里的防波堤只能看到黑色的外形，有一个黑乎乎的码头。这应该就是那个码头了，我转身走向它。

雷德站起来朝我说话。“没错吧。”他说，“你继续往前走，走到舷梯。我马上过去，把它开起来。”

“有码头警察跟踪我，就是在宾果游戏厅里那个。我不得不停下来跟他说话。”

“奥尔森（Olson），实际上是扒手警察。他很好的。只是偶尔抓几个，以保证他的抓捕记录。”

“在贝城，我想这很正常。我们出发吧，我来解缆绳。我不想把这些雾吹散了，虽然我们看不远，但是它可以帮助我们掩护。”

“糊弄那个探照灯已经足够了。”雷德说，“他们在甲板上的人都拿着冲锋枪。你先登上码头，我跟在你后面。”

他又消失在黑暗里，我走到黑漆漆的甲板上，在沾满鱼黏液的木板上滑了一脚。在那边远处有一个低矮的脏兮兮的扶手，有一对情侣在那个角上。他们走开了，那个男人谩骂着打搅了他们的好事。

过了十分钟，我听到水的拍打声，一只夜行鸟呼扇着翅膀飞过。我模糊地看到了灰色的翅膀，从我眼前闪过，然后又消失了。一架飞机在天上嗡嗡地飞着，接着远处传来马达声，嗡嗡的，那嗡嗡声有大卡车引擎的一半响。过了一会儿，这个声音慢慢地减小了，接着骤然停止了。

又过了好几分钟，我又走回舷梯，非常小心地下台阶，就像一只猫在湿漉漉的地面上走。一个黑影划破夜空出现在眼前，而且有什么东西砰地响了一声。一个声音说道：“准备好，上船。”

我登上船，在他旁边坐下。船在水面上滑行，船本身静悄悄的，除了船两边拨开的水浪声。起起伏伏的海浪远处，再次看到贝城的灯光慢慢远去。再次看到皇家皇冠号上扎眼的灯光，它看起来像是把自己打扮成时髦的造型站在旋转舞台上，而且再次看到蒙特西托号慢慢地从太平洋上显现，探照灯的灯光还在那里扫来扫去，看起来像是灯塔。

“我有点儿怕，”我突然说，“我真的有点儿怕。”

雷德打开节流阀，让船随着波浪一起一伏滑行，就像水中底下流，船在原地不动。他转过脸来看着我。

“我害怕死亡和绝望。”我说，“怕这黑漆漆的水和里面溺水人的脸还有那眼眶空空的头颅。我害怕死亡，害怕一事无成，害怕找不到布鲁内特。”

他笑了。“你还有我跟你一起呢，你应该给自己打打气。布鲁内特可能在任何地方，可能在这任何一条船上，可能在他自己的俱乐部里，也可能正穿着拖鞋悠闲地待在东边雷诺市（Reno）的家里。这就是你想要的?”

“我想找一个叫马洛依的人，他是个大浑蛋，因为抢劫银行在俄勒冈州蹲了八年监狱，刚出狱，他现在就藏在贝城。”我把事情告诉了雷德，告诉他的事情比我原本想说的要多得多。

他想了很久，才开始语速很慢地说话，而且他说的话好像都被一团雾包围着一样，像胡子上的泡泡。有可能这样显得他更聪明一点，也有可能没有。

“你说的那些有的有意义，”他说，“有的没有意义；有些我不知道，有些我有所耳闻。如果这个桑德堡在做着藏匿罪犯的勾当，还贩卖大麻，而且雇着人去抢劫富有女人的珠宝；那么只有一个能站住脚的原因就是他在政府里有人撑腰，但是也不是说政府的人知道他做的所有事情或者不是所有的警察都知道他在政府里有人。所以有可能布林知道，而你所谓的海明威不知道。布林是很坏，另一个警察也就是海明威，他只是很粗暴，不好也不坏，既不扭曲也不老实，心里是正派的，只是不敢说话，就跟我似的，认为为了生活做警察是一条明智的选择。这个心理医师有点难以分辨，他在贝城给自己买了一条保护链，当他需要的时候他就用它。你不知道这个家伙是想要干什么，所以你不知道他的内心或者他害怕什么。有可能他的客户偶尔上他的当。那个富有女人比纸娃娃还好对付，所以我的直觉告诉我，你待在桑德堡那里的原因很简单，布林很明白桑德堡知道你的身份后会很害怕，他们跟桑德堡讲事情的来龙去脉正是他们告诉你的，所以他们让你头昏脑涨。桑德堡不知道怎么处理你，他又怕把你放了又把你打晕了。然后过了一段时间，布林顺便去了桑德堡那里，多给了他些钱。这就是事情为什么成了那样。只是碰巧他们可以利用你，所以就用了你。布林可能认识马洛依。”

我仔细听着，眼睛看着慢慢扫射的探照灯，还有在右边远处来来往往的水上出租车。

“我知道那些家伙是怎么想的。”雷德说，“警察的问题不是他们治聋治哑或者变得邪恶了又或者粗暴，只是他们想他们是警察了已经跟以前不一样了，他们可能只是做一两次，不会很多的。他们的上头的人都很聪明。所以我们想到了要找布鲁内特，他没有掌控贝城。他只是不想有麻烦，投了很多钱选举了市长，所以他的水上出租车就不会有麻烦。而且如果他有什么想要的，他们就会给他。比如不久前，他的一个律师朋友因为醉驾被逮捕，布鲁内特减少危险驾驶，他们改了案件记录。从这里你知道了吧，他的行当就是赌博，还有赌博相关的行当，所以他可能还经营着大麻或者帮他的合作伙伴经营着。他可能认识桑德堡，也可能不认识，但是珠宝抢劫案不大可能。你想那些人只要八千元赎金，布鲁内特要做这种事就有点可笑了。”

“嗯，”我说，“你还记得珠宝抢劫案里有人被杀了吗?”

“他也不会那样做的，也不会做那种事。如果是布鲁内特做的，你根本就见不到尸体。你永远都不知道他们心里是怎么想的。你看，我为了二十五元都帮你做了什么。布鲁内特有那么多钱，他该怎么花?”

“他会杀人吗?”

雷德想了一会儿。“有可能，他有可能干过。但他不是那么粗暴的人。那些珠宝抢劫犯用的是新手法。我们认为他们用的方式是老套的抢劫方法或者是新手。大嘴巴警察发言人在收音机里喊着，他们全是胆怯的老鼠，他们会杀女人、杀小孩，如果看到了警察就会号啕大哭求宽恕。他们应该知道是他们要把公众卖了，他们是胆怯的警察，而且像上层人物，比如布鲁内特，他们不会通过杀人达到目的，他们是用勇气和脑力——他们跟警察一样没有那样的勇气。但是不管怎么说，他们是生意人，所做的一切都是为了钱，跟其他生意人一样。呃，我说这么多是为了什么？

“像布鲁内特这样的人不会藏匿马洛依的，”我说，“他杀了两个人。”

“不会，除非里面还有比钱更重要的原因。要回去吗？”

“不。”

雷德用双手控制着方向盘，船开始加速。“不要以为我喜欢那些家伙，”他说，“我讨厌他们。”

37

那探照灯的扫射范围也就是在距离船只大约一百英尺的周遭，就像一根苍白而又迷茫的手指掠过海边一般，看上去虚张声势的成分多一些，特别是在晚上的这个时候。假如有人想要抢劫这样的一艘赌船，不多找几个帮手恐怕是不行的，而且作案时间最好要拖到凌晨四点左右，因为那个时候赌客就会渐渐稀少起来，仅剩的几个也是想要努力赚回本钱的输客，况且那个时候船员们也大都困意袭袭疲惫迟钝了。不过即便如此，这也仍然不是一个赚钱的康庄大道，毕竟以前有过失败的案例。

一艘出租艇画了个圈驶向登船处，等赌博船上的乘客上了船，又开走了。雷德将快艇停留在探照灯的扫射范围圈外，并使引擎空转。假如那些人心血来潮将探照灯向上面照照——哪怕纯粹是为了好玩，他们就会发现我们。万幸的是他们没有这么做，探照灯慵懒地扫在海面，阴沉的海水在苍白灯管的照射下闪着亮光。小快艇以迅雷不及掩耳之势迅速穿过探照灯的辐射区域向赌博船靠近，途经船尾那两条锈迹累累的巨大的锚链。随后，我们蹑手蹑脚地向那满身油渍的船身逼近，就像旅馆保安委婉地将皮条客撵出大厅一般。

在我们头顶上隐隐约约出现了一扇双开的铁门，它距离我们并不近，况且即便我们能够得着，貌似也打不开，看上去它可不是一般的沉。我们驾驶的小快艇不经意间总是触碰到蒙特西托号的船身。波涛徐徐，不时地拍打着我们脚底下的艇身。夜色迷蒙中，一个高大的影子从我身边站起身来。紧接着，一盘绳子被甩向空中，似乎是套住了什么东西之后，末端才飞回来甩在水面上。雷德飞出个钩子将绳子钩了回来，拉紧之后把末端捆在了引擎罩上。周围是雾蒙蒙的一片，使这一切看上去越发虚幻，而那湿冷的空气像极了一份灰飞烟灭的爱情。

雷德凑到了我的身边，呼出的鼻息搔到我耳后。“它挂得实在太高了，要是一阵大风忽闪忽闪刮过来，它有可能就会脱开了。不过就算是这样，咱们还是得爬上去。”

“期待已久的一刻终于要来了。”我的声音微微发颤。

他握着我的手放到方向盘上，根据他的需要对小艇的引擎转速和方位进行了调整，并嘱咐我把好。船身上驾着一个铁梯，这铁梯绕着船身弯了个弧度，然而梯子的横板怕是像抹了油的圆柱一般滑。

爬那梯子的刺激程度恐怕不比爬办公大楼的屋檐小。雷德在裤子上用力地擦了擦手，随后伸手抓住绳子，悄无声息地把自己甩了出去，最后用脚钩住了那铁制的横板。他几乎是使自己的身体和梯子折成了一个直角，以便自己能够受到最大的牵引力。

现在，探照灯的光线离我们已经很远了。灯光扫射到海面上，反射出的光芒将我的脸照得分外清楚，然而周遭还是死一般沉寂。突然，我的头顶之上传来了铰链移动的沉重的闷声，一道微弱而又阴森的黄色的光线从雾气中匆忙地闪了一下，随即又消失了。与此同时，一个似乎是货运舱口的轮廓浮现出来。而那货运舱口不像是从里边上锁的，尽管我也猜不出这究竟是为什么。

一个低声细语从上面传了下来，似乎并没有特别的含义。于是我松开方向盘开始向上爬去，这简直是我这辈子最辛苦的一段行程。我喘着粗气爬了上去，发现自己置身于一个臭气熏天的货舱里。四周是胡乱堆放一气的箱子、桶、卷绳以及锈迹斑斑的铁链，幽暗的角落里还有老鼠的吱吱叫声。一道黄色的灯光从不远处的狭窄门缝中射了进来。

雷德俯在我耳边说："我们得从这儿偷偷地去锅炉房，那地方有个蒸汽发动机以作备用，像这种船是不用柴油的。他们可能会留下一个人在下面看管。上面的那帮人——就是那些发牌的人、守门人、侍者一类——能多挣一倍的钱呢。他们都是以船员的名义签了合同才上船的。到了锅炉房，我会把你引到一个未设置栅栏的风口那儿，从那里可以通到甲板去。一般人是禁止登上甲板的，只是到了那里之后就得全凭你自己一人了——只要你还能喘气。"

"你一定有亲戚在这船上。"我说。

"还有更有趣的事情呢。你很快回来吗？"

"我应该纵身一跃跳下去。"我说着拿出钱包。"我想这一程得多付点钱。给你。"

"你已经不欠我了，伙计。"

"我付返程的钱，尽管我用不到。拿着，不要逼我哭出来啊。”

“在那里你需要帮忙吗?”

“我现在只需要一条三寸不烂之舌，但我的舌头好像缩回去了。”

“把钱收回去，”雷德说，“你已经付了返程的钱了。我想你有点怕。”他握住我的手，他的手非常有力，有点暖暖的湿湿的。“我知道你是害怕了。”他小声说。

“不管怎么着我都要克服恐惧。”我说。

他脸上带着一种奇怪的表情转身了，因为光线太弱，我没看明白是什么表情。我跟在他后面，穿过一些箱子和桶，接着跨过那扇铁门的铁门槛，然后走进了一个阴暗的、充斥着轮船味的长长通道。我们从通道里出来后，到了一个四周围着铁栅栏的平台，上面油腻腻的，然后下了很难站住脚的铁质梯子。这里只能听到油燃烧的声音，别的声音全部被压下去了。我们从一堆废铁边穿过，朝着那燃油声音走去。

我们转过一个拐角，看见一个脏兮兮的矮个意大利人，他身穿丝质紫衬衫，坐在一盏灯泡下的铁丝网椅子上，用黑乎乎的手拿着一份晚报，戴着一副像他祖父戴过的钢边眼镜。

雷德悄无声息地走到他身后，轻声说：

“嘿，矮子！小子们怎么样啊?”

意大利人张大了嘴巴吸了口气，一只手抓着紫衬衫的开襟。雷德抬手一拳打在意大利人的下巴上，并且抓住了他。雷德把它弄到地上，然后把紫衬衫扯成条。

“这比刚才那拳更让他难受。”雷德轻声对我说。“我之所以这样做，是考虑到横穿通风口时在下面会发出大声响动，不过好在他们在上面听不到。”

他手脚麻利地把那个意大利人五花大绑了起来，最后不忘往他嘴里塞满了布条。随后，他把那意大利人的眼镜折叠好，收到一个安全的地方，之后我们来到了那个没有设障的通风口前。抬头放眼望去，里面是看不到尽头的黑暗。

“再见了。”我告别道。

“或许你还需要一个助手？”

“要是这么说的话，可能得需要一支海军才能帮到我。”我把头摇得像一只拨浪鼓，“可是我已经决定了，要么一个人干，要么干脆不干。再见了。”

“你准备待多久？”他的声音还是透着不安和忧虑。

“大概用不了一个小时。”

他看着我，下意识地咬紧嘴唇，随后点了点头。“有时，也许一个人是不得不这么干。”他感叹道，“如果还能有时间的话就去那边的宾果游戏店玩玩吧。”

说完，他悄无声息地往回走去，走了没几步，像是突然想到了什么又折了回来。“对了，那个开放的运货舱口，”他嘱咐说：“可能对你有用，千万记住了！”说完，他迅速消失在黑暗中。

38

一股冷风从上面灌了下来，这时我距离出口貌似还有很长一段距离。爬行的这短短三分钟，我却觉得仿佛过了一个小时。终于，我可以小心翼翼地把头从一个形似喇叭的出口探出来了。附近停着一群帆布船，它们像极了一幢幢灰色的影子。从黑暗中传来隐约的低语声。探照灯仍然在不停歇地扫射四周。它们被安在一个更高耸的地方——很可能就是在一根又短又粗的桅杆上。那儿或许还有个扛着机关枪的人，当然，他也可能拿的是勃朗宁手枪。我现在所处的工作环境是得有多么危险和糟糕，我真得好好感谢那个没把货运舱口上锁的好心人。

远处飘来若有若无的音乐声，就像是从一台便宜收音机那劣质喇叭里发出来的一样。仰头望天，桅灯更高处飘着层层雾气，还有寥寥无几的孤单寒星。

我从通风口里爬出来，把三八口径手枪从枪套里拿出来，藏在衣袖中。我蹑手蹑脚地走了三步，又停下来，仔细听了听，没有什么异常的动静。喃喃的低语声停止了，但不是因为我。我终于弄明白了，那喃喃的低语声是从两艘救生艇之间传来的。穿过黑暗和海雾，我看到了一挺架在三脚架上，黑色的令人胆战的机枪，而且枪口从围栏上伸出来。有两个人站在它旁边，没有任何动作，也没吸烟。他们又开始喃喃地说话，不过我一个字都没有听清楚。

我站在那里听了好久，直到我身后传来一个清楚的声音。

“不好意思，客人不允许到甲板上来。”

我转过身，看了一眼他的双手，没有拿东西。

我一边点着头，一边走向旁边，他轻轻地跟在我身后。他的脚踩在湿漉漉的甲板上，一点声响都没有。

“我可能是迷路了。”我说。

“我猜就是，”他说话的声音有点年轻，“在那边的升降梯底下，有一扇带着弹簧锁的门，那是一把非常好的弹簧锁。那里的楼梯上，以前有铁链拦着，上面还有铜质警示牌，我们发现总是有些不守规矩的人从那里爬上来。”

他嘟囔了好长时间，不知道是在示好还是在等待着什么。我说：“肯定是有人把它打开了。”

我看到他在黑暗中点点头，而且他比我要矮一些。

“你应该为我们想想，如果有人帮你打开门让你上来，我们老板会不高兴的。不过如果没有人帮你开门，我们想弄明白你是怎么上来的，我想你应该明白。”

“这不难，我们下去跟你们老板谈谈吧。”

“你不是一个人来的吧？”

“一些很好的同伴。”

“你应该跟他们在一起。”

“你知道的——你一转身，别人就把她勾走了。”

他微笑一下，然后点点头。

我迅速弯下腰，往边上躲了一步。一根铁棍嗖的一声掠过，这种铁棍貌似在这里很流行，而且要打的都是我，一个高个子在旁边谩骂着。

我说：“来吧，小子。”

我大声地拉动保险栓。

虽然这不怎么高明，但是作用却很明显。那个高个站着不动了，手里的棍子还在晃动。那个矮个正在想着什么。

“别费劲了，”他说，“你不可能从这里逃走的。”

“我早就想到了，不过你并不在乎我能否逃出去。”

我故意虚张声势。

“你想干什么？”他轻声问。

“我拿着枪，”我说，“不过不一定非得开枪，我想跟布鲁内特谈一谈。”

“他去圣地亚哥公干了。”

“那我可以跟他的助理谈谈。”

“你可真难缠。我们下去吧，但是在进门之前，你得把枪收起来。”

“当我们走到那扇门时，我会收好的。”

他笑了笑。“回去吧，斯利姆（Slim），我处理就好了。”

那个高个消失在黑暗中。

“跟我走吧。”

他在前面，我在后面，我们穿过甲板，下了楼梯，到了那扇门前。他打开门，看了一眼锁点点头，用手把着门，我走进门去，把枪收好。

那扇门在我们身后关上了。他说：“到目前为止，今晚上还算安静。”

我们正前方是一镀金拱门，门里面是游乐的地方，赌客并不多，跟其他赌场没什么两样。赌场的一角有个小酒吧，摆放着几把高脚凳。赌场中间有一通向下面的楼梯，下面飘来音乐声。整个赌场里也就六十个人，其中有张赌桌上的筹码堆积得都够开一家银行了，那个赌客年龄比较大，头发已经花白了，他彬彬有礼而又面无表情地看着庄家发牌。

拱门那里有两个身着礼服的男人在来回踱步，一言不发，目光没有聚集，这就是他们应有的姿态。过了一会儿，他们向我们走来，我和那个矮个站在原地等着他们。他们边走边把手伸进裤兜，是在掏香烟。

“现在，我们这里应该有点秩序了，”矮个说，“你应该不会介意吧。”

“你就是布鲁内特。”我说。

他耸耸肩说：“没错。”

“你看起来没有那么粗暴。”我说。

“我希望没有。”

那两个身着礼服的人，一边一个夹着我。

“到这里来，”布鲁内特说，“我们不要那么紧张，慢慢谈谈。”

他把门打开，那两个人把我夹进去。

这个房间看起来像个船舱，但又不像是船舱。那边放着一张桌子，但不是木头的，好像是塑料的，桌子上方垂下两个铜质的灯架。房间最里面摆放着一张木质双层床，下床整理得很整齐，上床放了一些唱片。房间的一角还放着一个大留声机。在与床相对的墙角里，有一个小酒吧。房间里还铺着一块红地毯，放着一张皮质红沙发，还有一个小茶几，上面摆放了一些香烟、一瓶酒和几个酒杯。

“坐下吧。”布鲁内特边说边绕到放着很多文件的桌子后面。他坐在一张高背椅子上，身体微微前倾，打量着我。不过他又站起来，脱掉大衣和围巾，把它们扔在一边，又坐下了。他用一支笔挠着耳朵，脸上带着微笑，那微笑看起来像只猫，我还是挺喜欢猫的。

他不算很老，也不算很年轻；不是很胖，也不算很瘦。因为长时间待在海上或海边，他的皮肤看起来很健康。他有着自然卷的栗色头发，额头很窄、很聪明。他的眼睛是淡黄色的，里面有一点儿不明显的威慑力，他的双手很鲜嫩，保养得很好，他的晚礼服像是深蓝色的，因为颜色太深难以分辨。

他打量了我很长时间说：“他身上有枪。”

那两个家伙中的一个站到我身后，手上还拿着家伙。他把我身体搜了一遍，把我的枪拿走。

“还有别的事情吗？”那个人说。

布鲁内特摇了摇头，“没有了。”

那个家伙把我的枪放到桌上推给布鲁内特。布鲁内特把手中的笔放下，一只手拿起一把拆信刀，另一只手拿着我的枪在笔记本上转着。

“好了，”他看着我身后的人轻声说，“还需要我告诉你怎么做吗？”

他们其中一个人快速离开了，关上门。另一个站在那里一动不动。过了好长一会儿，房间里非常的寂静，我们可以听到外面传来的喃喃声，低沉的音乐，还有下面传来的微弱的震颤声。

“要喝点吗？”

“谢谢！”

那个人走到小酒吧里，调了两杯酒，没有试着挡住酒杯放什么见不得人的东西。

“来支烟？”

“谢谢！”

“埃及烟行吗？”

“没问题。”

我们都点上烟，喝着酒。这酒尝起来好像是苏格兰威士忌，那个人没有喝酒。

“我想——”我想切入正题。

“抱歉，那不是很重要，对吗？”

他又半闭着眼睛微笑着，像只猫。

这时，门开了，刚才出去的那个人又进来了。那个“晚礼服”也跟着进来了，他身穿礼服，歪着嘴，看了我一眼，脸色惨白。

“他不是从我那里上去的。”“晚礼服”马上说。

“他有枪，”布鲁内特用拆信刀推着枪说。“就是这支枪，差点儿在甲板上顶在我的后背上。”

“老板，他不是从我那里上去的。”

布鲁内特抬了抬眼皮，对我笑着。“那么？”

“把他弄出去，”我说，“换个地方教训他吧。”

“那个水上出租车司机可以帮我证明。”“晚礼服”喊道。

“你五点半以后离开过登船处吗？”

“一分钟都没有，老板。”

“这不是答案。一个帝国也可能在一分钟之内陷落。”

“一秒都没有，老板。”

“不过他可能离开过。”我笑着说。

“晚礼服”嗖地跑到我面前，拳头飞过来，几乎就要打到我的太阳穴。不过，一声闷响后，他跟他的拳头一起跌了下去，一只手抓着桌角，然后倒到地上。看到别人挨一闷棍的感觉真是太爽了。

布鲁内特继续对我笑着。

“我希望你没有冤枉他，”布鲁内特说，“那扇门还是个问题。”

“只是碰巧吧。”

“你能想到其他的理由吗?”

“人太多，我想不出来。”

“我跟你单独谈谈。”布鲁内特盯着我说。

他们把“晚礼服”拖了出去。

“好了，”布鲁内特说，“你是谁？你想干什么?”

“我是一个私人侦探，我在找一个叫驼鹿马洛依的人。”

“给我你的私人侦探证明。”

我给他看了，他把我的钱包扔回来。

“我在查一宗谋杀案，”我说，“被杀的人叫马里奥特，是上周四在你的观景楼俱乐部附近的峡谷里被杀的。这宗谋杀案跟另一宗谋杀案有联系，那是马洛依杀了一个女人。马洛依有抢劫银行的前科，是一个非常粗暴的家伙。”

他点点头。“我还没问这些事情跟我有关系吗，不过我觉得你会告诉我的。但是你得告诉你是怎么上来的。”

“我已经说了。”

“你撒谎，”他说，“你叫马罗？你撒谎，马罗。你自己很清楚，登船处的那个伙计是不会撒谎的，那是我亲自挑选的人。”

“你在贝城德高望重，”我说，“我不知道高到什么程度，但是足以呼风唤雨了。有个叫桑德堡的人开了一个罪犯藏匿处，干着贩卖毒品、抢劫、藏匿罪犯的勾当。很显然，如果他没有关系网的话，他就做不成那种生意。我认为如果没有你的支持，他是做不了的。马洛依曾经跟他在一起，后来走了。他有七尺高，很难隐藏，我想赌船是个不错的藏匿处。”

“你想得太简单了。”布鲁内特说，“如果我要藏他，为什么要选在这里？”他喝了口酒，“毕竟我是在做生意，仅水上出租车的麻烦就已经够烦我的了。只要他有足够的钱，能藏人的地方有很多。你就不想想别的可能性吗？”

“当然可以，不过还是免了吧。”

“我帮不了你。那么你是怎么上来的？”

“我不想说。”

“马罗，你是要我逼你说了，”他的牙上反射出亮光，“毕竟，要逼你说出来很容易。”

“如果我说了，你能帮我转告马洛依一些话吗？”

“带什么话？”

我把钱包拿出来放到桌上，从里面拿出一张名片，把它翻过来。我把钱包收好，拿起一支铅笔，在名片的背面写下五个字。我把名片推给布鲁内特，他拿起名片看了一眼。“这对我没有任何意义。”他说。

“但是对马洛依有意义。”

他靠在椅子上瞪着我。“我想不明白，你不惜一切来到这里，只是为了给我张名片，让我转交给我不认识的人。这一点儿意义都没有。”

“如果你不认识他的话，那就没有意义。”

“为什么你不把枪放在岸上，像其他客人一样来这里呢？”

“我第一次来的时候忘了放下枪，那个‘晚礼服’死活不让我上船。但是后来我遇到了知道另一条路的人。”

他黄色的眼睛闪着光芒，笑了笑，没说话。

“那个伙计只是在海边消息灵通，不是坏人。你的货运舱口没锁，还有个通风口的格栅被拿掉了。不过想从那里过来，还需要打晕一个家伙。你应该查一下你的船员名单，布鲁内特。”

他稍微动了动嘴唇，又看了看名片。“我的船员没有叫马洛依的。”他说，“如果你确实是那样登船的话，我会查的。”

“去查查吧。”

他仍然在看着名片。“如果我能传话给马洛依，我肯定会传的。我也不知道我为什么要管这麻烦事。”

“去看看那个舱口。”

他坐在那里没有动。过了一会儿，他往前探探身，把枪推还给我。

“我做的事情，”他若有所思地说，“我掌控着城市，选市长，收买警察，贩毒，私藏罪犯，敲诈老女人的财宝。我好有时间啊。”他笑了笑，“好多时间啊。”

我把枪放到胳膊下面，布鲁内特站起来。“我不保证任何事情，”他说，眼睛还在盯着我，“但是我相信你。”

“那是。”

“你就为了听这些?”

“嗯。”

“好吧……”他做了一个没意义的手势，然后伸过手来。“跟蠢蛋握个手吧。”他说。

我跟他握了手。他的手不大，很有劲儿，有点儿温暖。

“你还是不想告诉我你怎么发现那个舱口的?”

“我不能，但那个人绝对不是坏人。”

“我有办法让你说，”他说，但是立刻摇头，“不，我信了你一次，再信你一次。再喝一杯吧。”

他按了一个按钮。后面的那扇门开了，刚才那个调酒的人又进来了。

“待在这里。如果他需要，给他调杯酒，温柔一点。”

那个人坐下来，面带微笑地看着我。布鲁内特走出房间。我点了一支烟，把酒喝完。那个人帮我倒上一杯，我又喝了。

布鲁内特回来了，先去洗手盆那边洗了手，又回到椅子上坐下。他对那个人点点头，那个人就出去了。

他又看着我。“你很厉害，马罗，我的一百六十四个船员都没拦住你。好吧，”他耸耸肩，“你可以坐水上出租车回去，没人拦你。至于你要我传的话，我会通过我的渠道帮你的。晚安，可能我该说谢谢，谢谢你找到了我船上的弱点。”

“晚安。”我说，接着站起来，走出了房间。

登船处那个接待换人了，我搭了一艘水上出租车回去，然后又去了那家宾果游戏厅，倚靠在墙上。

过了几分钟，雷德走到我跟前，也靠在墙上。

“很顺利吧？”雷德小声说，这时有个人在大声地报开奖数字。

“非常感谢，他相信了，不过看起来有点担忧。”

雷德观望了一下，靠到我耳边说：“找到他了吗？”

“没有，不过我希望布鲁内特能帮我传话给他。”

雷德看了看那些赌桌，打了个哈欠，直起身子，走开了。那个啄鼻男又来了，雷德走过去对他说：“还好吧，奥尔森？”雷德推了他一下，差点儿把他推倒。

奥尔森怒视着他离开，整理了一下帽子，啐了一口痰。

等他走了，我离开这里，走向停车场。

我开回好莱坞，停好车，回到公寓。

我脱掉鞋子，穿着袜子在地毯上溜达了一会儿，用脚趾感触着地面，还不时地感觉到有点麻木。

究竟什么时候才能找到马洛依？我暗自估算着时间，可是又发现这种事情根本无法预计。可能需要几个小时，可能需要几天，也可能永远都找不到了。除非他落到警察手里——如果他们能够抓到他，并且他还活着。

39

我给贝城的格雷夫人打电话的时候差不多是晚上十点钟了。我原本还想这个时间给她打电话是不是太晚了，其实一点儿都不晚。我的电话接通了，先是一个女仆接的，然后转到管家，最后才在电话里听到格雷夫人的声音。在这样的晚上，她的声音听起来很风趣，非常妩媚。

“我说过给你电话的，”我说，“只是稍微有点儿晚了，不过我还是遵守约定了。”

“又在耍我?”她冷冷地说。

“没有。这么晚了，你的司机还上班吗?”

“我想让他几点上班就几点上班。”

“那顺便过来接着我怎么样？我得穿好晚礼服。”

“行，你真好，”她慢吞吞地说，“我真的很令人讨厌吗?”埃莫森确实把她的口语调教得不错——如果她以前确实说话有问题的话。

“我想给你看看我的蚀刻版画。”

“就一幅蚀刻画?”

“我这里只是一个单身公寓。”

“我听他们说过这些东西。”她又慢吞吞地说，接着又换了个音调说：“不要太刻意了。你有非常不错的体格，先生，把地址告诉我吧。”

我告诉她地址和公寓号。“公寓大门已经锁了，不过我会下去开门的。”我说。

“好。”她说，“那我就不用自己带着撬棍了。”

她挂了电话，让我有一种古怪的感觉，好像我刚才对着一个不存在的人说话了一样。

我下楼把公寓大门打开，然后又上楼洗了个澡，穿上睡衣，躺在床上。我已经有一周没好好睡觉了。我又爬起来，把房门虚掩好，然后穿过客厅走到小厨房，拿出酒杯和一瓶苏格兰威士忌，这可是我珍藏了好长时间的好酒。

我又躺倒床上。“祈祷!”我大声说，“除了祈祷什么都没有了。”

我闭上眼睛，感觉到四周的墙跟船一样起伏，空气中好像充满了海雾和沙沙的海风。我闻到了废弃船舱里酸臭的味道。我还闻到了引擎燃油的味道，看到了一个穿着紫衬衫的意大利人戴着他祖父的眼镜在灯下看报纸的情景。我使劲地爬，爬上了一个通风井，又爬上了喜马拉雅山（Himalayas），然后在山顶上走着，周围的人全拿着机枪。我跟一个黄眼睛的小个子敲诈者或者更坏的人在说话。我想到了那个红发的大块头，眼睛是紫罗兰色的，他应该是我遇到的最好的人了。

我不再想了。我感觉到灯光在我闭着的眼睛里旋转，我是个镶着金边的笨蛋在徒然地冒险，我是一只粉红色脑袋的小虫，正在市政厅的墙上往上爬。

我睡着了。

我一点儿都不情愿地慢慢醒来，我盯着反射到天花板上的灯光。我发现有什么东西在房间里轻轻移动。

这个动静很隐秘，安静但是沉重。我听着这声音，然后慢慢地转过脑袋，看到了驼鹿马洛依。那里有个阴影，是他移动的阴影，跟我以前看到的一样。他手里拿着一把枪，枪体上泛着暗色的油光。他的帽子戴得有点靠后，戴在他那卷曲的头发上。他的鼻子正在闻着什么，就像猎狗一样。

他看见我睁开了眼睛，然后轻轻地走到床边，站在那里低着头看着我。

“我看了你的笔记，”他说，“我把这里都清理了，外面没有警察。这里都在我的掌控之中。”

我在床上稍微转动了一下，他迅速地把枕头下面搜了一遍。他的脸依然很大，有点苍白，他深陷的眼睛充斥着温柔。今晚他穿着一件还算合身的外套，不过肩膀上的一处接缝破了。我想这应该是他们能有的最大号码了，但是对于驼鹿马洛依来说还是有点儿小。

“我希望你只是顺道拜访，”我说，“没有警察知道这些。我只是想见你。”

“继续。”他说。

他走到一张桌子边，把枪放在桌子上，脱掉外套，坐在我最好的简椅上。椅子咯吱咯吱的，但还是撑住了。他慢慢往后靠了靠，摆弄了一下枪，好让它离他的右手很近。他从口袋里掏出一包烟，晃了晃，让其中一支烟探出一点，然后用嘴把烟含住，全程没有用手拿那支烟。他用大拇指划了一根火柴，烟味迅速充满了整个房间。

“你没有病，也没有怎么着啊？”他说。

“我在休息，今天很累。”

“门开着，你在等人？”

“一个夫人。”

他若有所思地看着我。

“可能她不会来了，”我说，“如果她来了，我会拖住她的。”

“什么夫人？”

“噢，就是一个夫人。如果她来了，我会把她撵回去，我只想跟你谈。”

他的嘴角有一丝笑容。他笨拙地吸着香烟，没有用手，好像这烟对他的手来说太小了，拿着会很不舒服。

“你为什么认为我在蒙特西托号上？”他问道。

“一个贝城警察说的。说来话长，不过都是猜测。”

“贝城警察在追捕我？”

“这打扰到你了吗？”

他的嘴角又露出一丝笑，他轻轻地摇摇头。

“你杀了一个女人，”我说，“杰西·弗洛里安。我觉得那是误杀。”

他想了想，点点头。“我承认。”他平静地说。

“但那有点可疑，”我说，“我不怕你，你不是杀手。你本不想杀她，在中央大街的那次，你应该是被逼的，但是你不至于把她的脑浆打出来。”

“你越说越离谱了，兄弟。”他轻声说。

“那种方式我见过，”我说，“但我不知道不同点是什么。你本不想杀她的，对吗？”

他的眼睛在转着，保持着一种仰头聆听的姿势。

“是依靠你自己力量的时候了。”我说。

“太晚了。”他说。

“你本想让她告诉你一些事情。”我说，“你掐着她的脖子，然后摇晃她。当你把她的头撞在床柱上时她已经死了。”

他瞪着我。

“我知道你想从她那里得到什么。”我说。

“继续。”

“我跟一个警察去的时候发现她死了。我不得不记录下来。”

“怎么记录的?”

“非常公正的记录。”我说，“但今晚不会记的。”

他瞪着我。“好，你怎么知道我在蒙特西托号上的?”他已经问过一边了。他看起来好像是忘了。

“我不知道。但是我想最容易的逃跑方式是在水里，而在贝城你只能去其中的一艘赌船。在那里如果有人帮助你，你就可以清白了。”

“莱尔德·布鲁内特是个不错的家伙。”他漫无目的地说，“我听说是这样，但我都没跟他说过话。”

“他从你那里得到的信息。”

“天哪，他有很多渠道都可以帮他那样做，伙计。你说那些名片怎么了？我感觉你要离开，否则我不会有机会来这里的。我们去哪里?”

他灭掉香烟，看着我。他的影子投射在墙上，是一个巨大的阴影。阴影那么大，看起来不大真实。

“你为什么认为是我杀的杰西·弗洛里安?”他突然问。

“因为她脖子上的指印。事实上你已经从她那里得到了一些信息，但是你太强壮了，一不小心把她杀了。”

“那些浑蛋把我牵扯进去了？”

“我不知道。”

“我想从她那里知道什么？”

“你以为她可能知道威尔玛在哪里。”

他静静地点点头，然后继续盯着我。

这时传来轻轻的敲门声。

马洛依稍微往前倾了一下身体，笑了，拿起枪来。有人开始按门把手。

马洛依慢慢地站起来，往前弯着腰，仔细听着动静，然后他的视线从门移到我身上。

我坐起来，把脚放到地板上，接着站起来。马洛依静静地看着我，没有动。我走向门口。

“谁？”我趴在门上说。

那是她的声音。“开门，傻瓜。我是温莎公爵夫人(Duchess of Windsor)。”

“稍等。”

我回头看了看马洛依，他皱着眉头。我走到他身边，轻声说：“这里没有其他出口，先到床后面的更衣室去等着。我打发她。”

他想了想，脸上的表情难以看懂。他是那种没经历过什么失败的男人，不知道害怕是什么的人，最后他点了点头，拿起帽子、外套，轻轻地绕过床走到更衣室。

我环视整个房间，检查是否还有马洛依的痕迹。除了一根烟屁股，没有别的了，但是任何人都可能吸烟，所以这不算什么。我走到门口，打开门。因为马洛依来的时候把门给闩上了。

她站在门口微笑着。她穿着那件她曾经跟我说过的高领白色狐皮披风，她耳朵上戴着翡翠耳坠，几乎淹没在那柔软的白色领子里，她的手指半握着，胳膊上挎着一个小晚装包。

她接着收起笑脸，上下打量了我一番，她的眼神变得冷淡了。

“就是这样吗，”她严肃地说，“穿着睡衣，给我看你的蚀刻画。我好傻啊。”

我站到一边，把着门。“其实不是这样的。我正要穿好衣服，一个警察正好来我这拜访。他刚走。”

“兰德尔?”

我点点头。不管我是否点头，谎言总归是谎言，但是这是一个很容易瞒过去的谎言。她迟疑了一会儿，然后从我身边进了门，身后满是香水味。

我关上门。她慢慢地穿过房间，毫无表情地看着墙壁，突然转过身来。

“让我们深入地认识一下吧，”她说，“我不是个好说话的人；我来不是为了春宵一刻。在我生命中有一段时间我已拥有那些太多了。”

“你走之前要喝一杯吗?”我还倚在门上。

“我说过要走吗?”

“你给我的印象就是你不喜欢待在这里。”

“我是想说明一点，虽然有点庸俗，但我不是那种淫乱的婊子。我可以拥有那些——但不只是通过这种方式。对，我要喝一杯。”

我走进小厨房，用有点颤抖的手调了两杯酒。我把它们端出来，递给她一杯。

更衣室里没有什么动静，连呼吸的声音都没有。

她接过酒杯，尝了一口，又看着对面的墙壁。“我不喜欢男人穿着睡衣接待我。”她说，“不过很可笑。我喜欢你穿着，我非常喜欢你，我不能自拔。我以前很能控制自己情感的。”

我点点头，喝了一口。

“大多数男人都是污秽的动物，”她说，“事实上，这就是一个十分肮脏的世界。”

“钱肯定能解决问题。”

“你还没有钱的时候是这么想的。事实上，有了钱之后只会产生新的问题。”她笑得有点古怪。“你忘了那是多么难的一个老问题。”

她从包里掏出一个金烟盒。我走过去，给她点上烟。她吐出一团烟羽，然后眯着眼看着它。

“坐在我旁边。”她突然说。

“让我们先谈谈吧。”

“谈什么？哦，我的翡翠？”

“关于谋杀。”

她的脸色没有出现任何变化。她又吐出一团烟羽，这一次非常小心、非常慢。“这是个肮脏的话题，我们必须谈吗？”

我耸耸肩。

“林赛·马里奥特不是什么圣人。”她说，“但我还是不想谈这个话题。”

她冷冷地看了我一会儿，然后把手伸进她那打开的包里拿出一块手帕。

“私下里，我也不认为他是珠宝抢劫团伙的线人。”我说，“那些警察假设是这样，但是他们有很多假设。我真的不认为他是一个敲诈犯。可笑吧？”

“是吗？”那个声音变得非常非常冷。

“好吧，并不是。”我表示同意，然后把杯子里的酒喝光。

“格雷夫人，你能来真的是太好了。但是好像我们碰上了不好的心情。我不认为如此，举个例子，马里奥特是被一帮劫匪杀的。我不认为他是去那个峡谷赎回翡翠项链的。我不认为一件翡翠项链曾经被偷了。我想他去那个峡谷是被谋杀的，尽管他认为他去那儿是帮助他们犯罪。但是马里奥特是个非常坏的凶手。”

她往前倾了一点儿身体。她的笑变得有点儿呆滞。突然，虽然她还是她，但是她不再那么漂亮。她只不过看起来像一个一百年前的危险人物，还有二十年前的勇气，但是她只是个好莱坞 B 级演员。

她没有说话，但是她的右手轻轻地敲着包上的卡扣。

“一个非常坏的谋杀犯，”我说，“像是莎士比亚的理查德三世（King Richard III）那一幕里的刺客二（Second Murderer)。这个家伙的良心已经被狗吃了，但是还想要钱，最后因为没有下定决心而被杀了。这种谋杀犯非常危险，他们不得不把他除掉。”

她笑了，“那么他想杀谁，你推理过吗?”

“我。”

“这太难让人相信了，有人那么恨你吗？而且你说我的翡翠项链根本就没丢。关于这些你有什么证据吗?”

“我没有说我有证据啊。我是说我推测。”

“那么为什么要这么傻地去谈论这些呢?”

“证据，”我说，“总是相关的，它是一种无法抗拒的平衡，而且关系到劫匪是怎么打劫你们的。他谋杀我有个非常简单的动机——只是因为我在调查一个前中央大街酒吧歌手，同时一个叫驼鹿马洛依的囚犯刚从监狱里出来，而且他也在找她。可以说我是在帮他找她。很显然，找到她不难，或者是马里奥特假装有事，把我带出去，把我杀死，而且是很快地被杀死，那样我就没有威胁了。而且很显然，如果不那样的话，他就不会相信。但是杀马里奥特还有一个很强的动机，他没有评估虚荣，或者爱，或者贪婪，或者三者都有之外的东西。他害怕了，但不是为他自己，他是怕他成为犯罪的帮凶。但是换个角度说，他是为了自己的饭碗，所以他抓住了那次机会。”

我停下来。她点点头说：“如果有人能明白你说的是什么的话，这肯定很有趣。”

“有一个人很明白。”我说。

我们互相看着对方。她又把右手伸进包里。我有一个好主意，但是现在还不是时候，要选择合适的时机。

“我们不开玩笑了。”我说，“这里就我们两个，我们都互相谈了对方不喜欢的问题，我们互相抵消了。一个出身贫寒的女孩变成了千万富豪的妻子。在这过程中，一个邋遢的老女人认出了她——有可能是听到她在广播站唱歌，辨认出了她的声音，然后去看她——然后这个老女人被要求闭嘴。但是她很便宜，因为她知道得很少。那个出面跟她交易的男人，拥有她房子的信托书，每月都给她钱，他任何时候都可以把她扔到臭水沟里。但是那个男人知道一切，所以他很贵的。但是她不在乎，只要他能保守住秘密，突然有一天一个叫驼鹿马洛依的粗暴家伙出狱了，开始寻找他以前的爱人，而且要查明真相。因为这个大块头还爱着她，一直都爱着她。这样事情就变得有趣了，而且变成了悲剧。就在那时，一个私人侦探也开始调查这件事情，所以这些脆弱的环节串成了一根链条，马里奥特已经不再奢华，变得越来越危险。他们会抓住他，会把他大卸八块。他就是那样的一个青年。他越来越危险，快要撑不住了。所以在他撑不住以前就得把他杀了，把他用大棒打死了，而凶手就是你!”

她只做了一件事，就是把枪从包里拿出来，然后微笑着用枪指着我，我所做的就是什么都没做。

不过这不是这里所有人的动作，驼鹿马洛依从更衣室里出来，用那只大手拿着一支四十五口径的柯尔特，像拿着玩具枪一样。

他根本就没有看我，他在看着莱文·洛克里奇·格雷。他向前稍微倾身，嘴上带着微笑，对她轻声说：

“我记得这个声音。”他说，“我听这个声音听了八年——我所有能记起来的就是这个声音了。不过我更喜欢你红色的头发。你好，宝贝，好久不见。”

她转过枪口去。

“离我远点，你这个浑蛋。”她说。

他站在那里好像死了一样，把枪扔到一边。他离她还有两英尺，呼吸很不自然。

“我没想到，”他平静地说，“我得到的只有忧郁，是你把我出卖给警察吧。你！小威尔玛。”

我向她扔了一个枕头，但是太慢了。她对着他的肚子连开了五枪，开枪的声音比戴手套的声音还要小。

然后她把枪指向我，朝我开枪，不过枪已经空了。她快速弯腰要捡马洛依的枪。幸好我扔的第二个枕头没有失手。在她把枕头从脸上弄走前，我已经绕过床去把她敲晕了。

他还站着，不过已经摇摆着站不稳了。他的嘴在松弛，手在摸索着自己的身体。他跪下了，然后侧倒在床上，脸朝下，大口喘着气。

在她醒过来之前，我拿起了电话。她的眼睛是死灰色的，像是半冰冻的水。她冲到门口，我没有阻止她。她跑了，都没来得及给我关门，所以我打完电话后又把门关上。我把马洛依的朝下的脸转到一边，以免他窒息。现在他还活着，但是肚子上挨了五枪，就算是驼鹿马洛依也活不了太长。

我走到电话机旁，给兰德尔的家里打了个电话。“马洛依，”我说，“在我的公寓，被格雷夫人打了五枪。我给医院打了急救电话，她跑了。”

“所以你要聪明点。”他说了一句就把电话挂了。

我走回床边。马洛依在床边用膝盖跪立着，想站起来，他手里抓着一团床单。他的脸上全是汗水，慢慢地眨着眼睛，耳垂已经变黑了。

当救护车到达的时候，他还是跪立着，尝试着站起来。医院的四个人把他抬到担架上。

“他还有一线希望——如果是二十五口径枪的话。”救护车随车医生在离开前说，“全部由子弹伤到的位置决定还有没有救活的机会，不过他应该还有机会的。”

“他不想要那个机会。”我说。

他确实没有。那天晚上，他就去世了。

40

“你应该举行个晚宴。”安·雷奥丹说。她坐在带着图案的棕色小地毯对面看着我。“闪闪发光的银器和水晶杯，清新明亮的亚麻布——如果举办晚宴的地方还用亚麻布的话——还有烛光；女人都戴着她们最好的珠宝，男人打着白领带；侍从端着酒在小心地盘旋，警察穿着租来的晚礼服看起来令人感觉有点儿不大舒服；坏人不怀好意地笑着，手在不停地动着，而你就坐在长桌的头上一点一滴地说着这一切，还带着你那迷人的笑容；说着一口蹩脚的英语，口音重得像菲洛·凡斯[①]（Philo Vance）。”

“对，”我说，“如果你变得聪明点，我的手里是不是得拿

---

① 菲洛·凡斯，著名推理小说作家范·达因创作的人物。他是欧美推理小说黄金时代代表作家之一，创作了旨在规范推理小说写作的“范达因二十则”，对后世推理小说的创作影响颇大。——译者注

点什么东西呢?”

她走到厨房，叮叮当当地弄着冰块，回来时拿着两个高脚杯，又坐下了。

“这些酒应该能买点猛料吧。”她边说边啜了一口酒。

“突然间管家晕倒了,”我说，“不过管家不是被谋杀了，他只是聪明地晕倒了。”

我喝了一点酒。“它不是这种故事,”我说,“它不是轻盈灵动的，只是黑暗的，还充满了血腥。”

“所以她跑了?”

我点点头。“到目前为止，她没回过家。她一定改变了装束躲起来了。毕竟她现在像大海中的水手一样，时刻生活在危险之中。那晚她是一个人来见我的，没有带着司机。她来的时候开着一辆小车，逃跑的时候把车扔在几个街区外的地方。”

“他们会抓住她的——如果他们真努力抓的话。”

“不要这样。地方检察官怀尔德（Wilde）很有水平的，我曾经跟着他干过。但是如果他们抓住她，然后呢? 他们面临的是两千万元，一张漂亮的脸蛋，李·法雷尔（Lee Farrell）或者伦耐凯姆普（Rennenkamp）。这会很难证明是她杀了马里奥特的，他们只能确定她有很强的杀人动机和她过去的生活状况——如果他们能查到的话。她可能没有犯罪记录，或者她不必用这种方式去做。”

“马洛依呢? 如果你把他以前的事说出来，我立刻就知道她是什么样子了。顺便问一下，你怎么知道那两张照片不是同一个女人。”

“不知道。我怀疑弗罗里安老太太已经知道他们把她的照片换了。当我把那张带着威尔玛·瓦伦签名的照片放在她面前时，她看起来有点惊讶。但是她只是有可能知道，她故意把她藏起来，想过会儿再卖给我。因为她知道用马里奥特给的其他照片替换威尔玛的照片没有什么害处。”

“那只是猜测。”

“肯定是那样的。只是从马里奥特给我打电话开始，他们给我演了一出支付珠宝赎金的戏。他们不得不这么做，因为我已经从弗罗里安夫人那里看到了威尔玛的照片。而且他们杀马里奥特也是没办法的办法，因为他是这个链条里面最弱的一环。弗罗里安夫人也知道莱文·洛克里奇·格雷夫人就是威尔玛。威尔玛不需要杀她，因为收买她很便宜。格雷说他们去欧洲结的婚，而且威尔玛结婚时用的是她的真名。他没有说出是什么时候，也没说出是在哪里，也没有说出她的真名字，更没有说她是从哪里来的。我认为他确实不知道这些，但是警察不相信。”

“他为什么不说?”安·雷奥丹用她的手指背面托着下巴，带着略微黯淡的眼神看着我。

“他太迷恋她了，甚至都不在乎她的屁股坐在谁的腿上。”

“我觉得她喜欢坐在你的腿上。”安·雷奥丹讥讽地说。

“她在玩弄我，但还有点怕我。她不想杀我，因为杀一个警察是很不明智的。但是到最后的时候，她可能有杀我的想法了，就像如果马洛依没有帮她解决了麻烦，她会杀了杰西·弗罗里安一样。”

“我打赌被漂亮的金发女郎玩弄一定很好玩，”安·雷奥丹说，“就算有点儿风险，我想通常是这样的。”

我没有说话。

“我认为她杀了马洛依，法庭也判不了她什么罪，因为当时马洛依手里拿着枪。”

“不。”

那双金色的眼睛庄严地端详着我。“她本来就想杀马洛依?”

“她怕他。”我说，“她已经离开他八年了。他好像是知道威尔玛要杀他，但是他没有伤害她，因为他还爱着她。对，我想她会杀了所有威胁到她的人，因为她拥有得太多，而不想失去，所以她必须这么做。她想在我的公寓杀了我——但是枪已经没有子弹了。她应该在杀马里奥特的时候连我一起杀了。”

“他还爱着她。”安轻声说，“我是说马洛依。当他在监狱的时候，她已经六年多没有给他写信，也没有探望他，但这都没影响他的爱。她为了悬赏而把他送进监狱，这也没有影响他对她的爱。他从监狱出来所做的第一件事就是买漂亮的衣服去看她，但是她打招呼的方式却是给他五颗子弹。他亲手杀了两个人，因为他爱着她。这是一个什么样的世界。”

我喝完我的酒，脸上露出了渴望再来一杯的表情。她没有搭理我。她说：“而且她告诉格雷她是从哪里来的，格雷一点儿都不在乎。他在她用了另一个名字的前提下跟她结婚，还为了不让外界听出她的声音而把电台卖掉。他给了她所有能用钱买到的，但是她给了他些什么?”

“这很难说。”我晃着杯子里的冰块示意她，但是这样也没有换来一丁点儿酒。“我想她给了他的是骄傲。因为他已经很老了，能有那么年轻漂亮的妻子真是一种骄傲，而且他深爱着她。我们到底在谈论什么？这种事情是经常有的。她的所作所为，她跟谁玩，或者她以前是什么样子，都改变不了什么，因为他深爱着她。”

“像驼鹿马洛依一样。”安马上说。

“我们去划水吧。”

“你还没告诉我布鲁内特的事，还有大麻里的那些名片，还有埃莫森，还有桑德堡医生，还有那些让你解决大问题的小线索。”

“当时我给了弗罗里安夫人一张名片，她把一个湿漉漉的杯子放在它上面。后来这张带着玻璃杯印的名片出现在马里奥特的口袋里。马里奥特不是一个邋遢的人，这就是一条线索。只要你怀疑任何事情，你就很容易发现其他的关联，就像马里奥特拥有弗罗里安夫人的信托书一样，只是想把她拉入统一战线。至于埃莫森，他是个彻头彻尾的坏蛋。警察在纽约的一家酒店里逮捕了他，他是一个国际诈骗犯。伦敦警察厅（Scotland Yard）有他的指纹，巴黎也有。我记不清是昨天还是前天，警察才知道这些的。当这些警察有感觉的时候，他们的动作还是很麻利的。我想兰德尔拿到这些犯罪记录磁带已经好几天了，只是怕我听了会把磁带踩烂，才没有告诉我。但是埃莫森从来没有杀过人。警察还没有抓住桑德堡，他们认为他也有前科，但是还不确定，关于这点只有抓住他才能知道。至于布鲁内特，像这种家伙，从他那里你什么都套不出来。警察会在开庭前抓住他，不过他肯定不会交代任何事情的。他一点儿都不担心自己的名誉，但是贝城政府发生了非常漂亮的震动，警察局长被抓起来了，一半侦探被降为巡警。有一个非常不错的家伙叫雷德·诺加德（Red Norgaard），就是他帮我登上了蒙特西托号，现在他又恢复原职了。这些都是市长做的，在这危急关头，他改变了在别人心中的形象。”

“你一定要用这种说话的方式说这些吗？”

“莎士比亚附体了。我们再喝一杯就去划水吧。”

“你喝我的吧。”安·雷奥丹说着站起来，把她没喝的酒带了过来。她拿着酒站在我的面前，眼睛睁得大大的，好像受到了一点儿惊吓。

“你真是了不起。”她说，“那么勇敢，那么果断，而且你做这些只为了一点儿钱。每个人都打你的头、掐你的脖子、揍你的下巴、喂你一肚子毒药，但是你一直坚持正义，接受拷打，直到他们全都筋疲力竭。到底是什么让你变得这么令人惊奇?”

“继续，”我大声说，“酒洒了!”

安·雷奥丹若有所思地说：“我想被你这个浑蛋亲吻!”

41

警察花了三个月的时间找威尔玛。他们不敢相信格雷不知道她在哪儿，也没有帮助她逃跑。城市里的每个警察和新闻记者找遍了所有她能用钱买通藏身的地方，但是钱并没有藏住她。直到她被发现了，才发现她隐藏得十分明显。

一天晚上，一个巴尔的摩①（Baltimore）侦探带着摄像取景器，像一只稀有的粉红色斑马一样迷迷糊糊地进了一家夜总会。他听着乐队弹奏的音乐，看一个有着漂亮的黑发、抹着黑色眉毛的歌手在唱歌。她脸上的一些东西触动了他的心弦。

他回到警察总部，拿出所有的通缉文件，开始一桩一桩地读起来。当他看到其中一张时，他看了好长时间。然后他

① 巴尔的摩，美国马里兰州最大的城市，美国大西洋沿岸重要的海港城市。——译者注

整理了一下头上的草帽，再次来到那家夜总会，找到那里的经理。他们走到更衣室，经理敲了其中一扇门。那扇门没有锁，侦探把经理推到一边，自己进去了，并把门锁上。

他一定是闻到了大麻的味道，因为她在抽大麻，但是他没有注意。她坐在一块三角形镜子面前，正在打理着头发和眉毛。那是她自己的眉毛，那个侦探笑着穿过房间，递给她一本材料。

她肯定会看到那上边的照片，那是侦探从警察总部通缉文件上撕下来的一页通缉令。当她看到通缉令的时候，她坐在那里思考了良久。那个侦探坐下，跷起腿，点上一支烟。他的眼睛很厉害，但是他的侦探技能有点儿单一，对女人不够了解。

最后她笑了，然后说："你是个非常聪明的警察。我知道我的声音可能会被你们辨认出来的，因为曾经有个朋友仅通过听收音机就辨认出了我的声音。到目前为止，我已经跟这个乐队一周内在广播里唱两次歌，已经有一个月了，但是没有人想到那是我在唱歌。"

"我从未听过你的声音。"那个侦探继续笑着说。

她说："我想我们可以做笔交易。你知道，如果处理得当，你可以得到很多钱。"

"我不行，"那个侦探说，"对不起。"

"那么，我们走吧，"她说着站起来，抓起她的包，又从衣架上拿过外套。她走到他的身边，拿着外套，示意他帮忙穿上外套。他站起来，像一位绅士一样帮她拿着外套。

她转过身，从包里掏出一把枪来，隔着他举着的外套对着他连开了三枪。

在她冲出门口的时候，她的枪里还有两发子弹。在她再次开枪的时候，她只跑到房间的一半位置。她开了两枪，不过第二枪肯定纯属条件反射。他们在她撞地之前抓住了她，不过她的脑袋已经吊在了一条布上。

“那个侦探第二天就去世了。”兰德尔说。他把整件事情原原本本地告诉了我。“在他还能说话的时候，他把事情经过告诉了我们。这样我们就抓住了那个恶魔。我不明白那个侦探为什么那么粗心，除非他真的想跟她做交易。他的脑子里可能有过这个念头，当然，我不愿意这么想。”

我说我想是那样的。

“她朝自己心脏干净利索地开了枪——两枪，”兰德尔说，“而且我听专家说这是不可能的，我也觉得不可能。你知道为什么吗？”

“什么？”

“她居然傻到朝侦探开枪。我们从来就没宣判她有罪，不是因为她的长相、钱，还有那些有钱人施加的压力。她真是一个可怜的小女孩，从酒吧歌手一步步地爬到有钱人的妻子，而且那些认识她的贪婪家伙也不让她消停。该死！伦耐凯姆普会在法庭上遇到六个哭泣的邋遢老女人，因为他们已经敲诈她好几年了。在某种程度上，你阻止了他们，而且陪审团会审他们的。她做了一件非常聪明的事情就是自己逃跑，让格雷置身事外，但是当她被抓住时最聪明的做法应该是回家。”

“哦，你现在相信她让格雷置身事外了。”我说。

他点点头。

我说：“你认为她这么做有什么特别的原因吗？”

他看着我。“我要试一下，不管它是什么。”

“她是个杀手，”我说，“但是马洛依也是。那个巴尔的摩侦探可能也没有案件记录上那么干净。有可能她看到了机会——不是逃跑——那时她想躲起来——但是是给那个人一个面子，因为他也给了她一个。”

兰德尔张着嘴看着我，眼睛里充满了怀疑。

“浑蛋！她不必朝警察开枪的。”他说。

“我没有说她是个圣人或者漂亮的女孩。除非她被逼到绝路，要不然她不会自杀的。但是她所做的和她做的方式，完全可以接受法律的审讯。但是你想一想，谁在这次审讯里损失最大？谁最不能忍受呢？而且不管是赢了、输了，或者是平局，谁会付出最大的代价呢？一个爱昏了头的老头。”

兰德尔突然说：“这只是感性的推断。”

“当然。当我说出来时，听起来就是这种感觉。总之，可能全是个错误。就这样吧，我那个粉红色虫子回来了吗?”

他当然不知道我说的是什么。

我下了楼梯，走下市政厅的台阶。今天天气真清爽！你可以看得很远——但是没有威尔玛走得远。